CRIMES ET CINEMA
- N° - 06-

Crimes et cinéma 06

À mes parents pour leur soutien inconditionnel, leur aide précieuse tout au long de ma vie

À mes enfants, qui sont la plus belle réussite, qu'un homme puisse souhaiter, pour ce qu'ils sont, mais aussi pour ce qu'ils deviendront…

Merci à Jean-Louis Vincent, pour son aide précieuse à la relecture de mes écrits.
Sa générosité et le temps qu'il me consacre apportent une plus-value à mes histoires…

Crimes et cinéma 06

« J'ai aimé jusqu'à atteindre la folie :
ce que certains appellent la folie,
mais ce qui pour moi,
est la seule façon d'aimer ».

Françoise Sagan

Crimes et cinéma 06

PREFACE

A l'heure où j'écris cette préface, j'ai appris sur le mur de mon fidèle correcteur, Jean-Louis Vincent, le décès du commissaire divionnaise Gérard Alessandra. Il est possible que certains lecteurs ne se souviennent pas de lui, il était l'officier de police qui a permis de confondre Christian Ranucci dans l'enlèvement et le meurtre de la petite Marie-Dolorès Rambla le 3 juin 1974.

Quelques années plus tard, un écrivain, Gilles Perrault, a sorti son livre : « Le pull-over rouge », une contre vérité qui laisse penser qu'un jeune garçon de 22 ans a été guillotiné innocent le 28 juillet 1976 dans la cour de la prison des Beaumettes. A l'époque, Gérard Alessandra et d'autres ont été trainés dans la boue, par une presse et des intellectuels gauchistes en mal d'arguments sérieux qui voulaient faire aboutir leur idée d'abolir la peine de mort.

Le commissaire Alessandra en a beaucoup souffert et les derniers événements qui ont permis de persuader les personnes que Christian Ranucci était bien coupable l'ont en parti réconforté, toutefois à l'époque, le mal a sévi. J'ai eu la chance grâce à Jean-Louis Vincent de rencontrer cet homme extraordinaire en septembre 2020. J'ai toujours eu de l'admiration pour lui, et heureux de constater lors de notre déjeuner au bar « l'adriatic » (ex-bar du téléphone), que c'était un homme généreux avide de pouvoir expliquer son métier avec quelques anecdotes. Je garderai de cette journée un souvenir impérissable et des photos qu'il a gentiment accepté que l'on prenne.

Je continue, naturellement, de dénoncer la pensée unique véhiculée par une fiction. Même si je dois admettre que certaines sont de qualité. Dans « l'union sacrée » le réalisateur Alexandre Arcadi précise bien que son film est une fiction, ce qui lui permet notamment d'aller très loin dans son propos sur le terrorisme. La reconstitution de l'attentat de la rue des Rosiers est formidable, il faut dire qu'il s'est entouré de plusieurs personnes qui ont été les témoins de l'événement. Le « diplomate » responsable selon les policiers de cette attaque s'en sort avec une expulsion du territoire français, c'est pendant le transfert vers l'aéroport que la voiture explose, une vengeance que les policiers de l'époque ont peut-être rêvée, mais qui reste une hypothèse pour le réalisateur toujours impliqué contre le terrorisme.

Un autre film m'a particulièrement intéressé « Zodiac », sans doute car son tueur n'a jamais été appréhendé même si de nombreuses pistes ont été suivies. Le long métrage est riche en détails et toujours en adéquation avec la réalité, les dates citées sont justes et les faits relatés confirmés par les journalistes qui ont suivi cette difficile affaire.

La télévision fait également d'énormes progrès dans la réalisation de ses fictions, adieu celles qu'on attendait impatiemment et qui se sont révélées des fiascos comme « une affaire française » sur l'affaire Grégory. On assiste désormais à des longs métrages qui n'ont rien à envier au cinéma, comme « crime d'Etat » pour le « suicide » de Robert Boulin ou encore « Parents à perpétuité » pour l'affaire Matthieu Moulinas. Les séries ne sont pas non plus en reste, certaines ont la faculté de révéler au public une affaire dont il ignorait l'existence. Je pense naturellement à la série « Sambre », sur les viols et meurtres qui ont eu lieu sur une longue période entre la Belgique et le nord de la France. L'interprétation d'Alix Poisson est sans faille et révèle bien la douleur et la peur que beaucoup de femmes ont ressenties durant ces années. Un peu plus mitigée en revanche pour

9

l'inertie des policiers évoquée. Ce n'est pas leur manque de travail qui est à l'origine de l'impunité de son auteur, mais simplement plusieurs concours de circonstance et comme toujours ce que l'on pense de ce genre d'individu que tout le monde connaît : « Ah ! non pas lui, c'est impossible… »

Il ne me reste plus qu'à vous souhaiter une bonne lecture de ce nouvel opus sur le crime traité au cinéma, je ne saurai que vous conseiller de continuer à lire, vous documenter, vous poser des questions. N'avalez pas ce que l'on vous donne, soyez le propre acteur de vos pensées et de vos idées…

1964 – Mata-Hari, Agent H21

C'est le 29 janvier 1965 en France que sort le film retraçant l'histoire de Margaretha Geertruida Zelle, plus connue sous le nom de Mata-Hari. Il est projeté en avant-première en Italie en 1964. Il s'agit d'une réalisation de Jean-Louis Richard, assisté de Christian de Chalonge et Jean-Pierre Léaud, dont les dialogues sont écrits par François Truffaut.

En 1914, Mata Hari, est une belle danseuse « exotique » qui devient espionne au service de l'Allemagne. Sur ordre d'un certain Ludovic, agent de liaison, elle attire chez elle l'officier français François Lassalle, afin de subtiliser les précieux documents dont il est détenteur. Elle réussit mais s'éprend de l'officier. Une nouvelle mission lui incombe, celle de subtiliser des documents confidentiels au colonel Peltier, qui est incidemment amateur de jolies femmes. François, désespérément jaloux, rompt. Mata Hari, d'abord enfuie en Espagne, revient en France dans l'espoir de le retrouver...

Après avoir été immortalisée sur grand écran par Greta Garbo et Marlene Dietrich, la célèbre espionne Mata Hari prend les traits de Jeanne Moreau qui joue le rôle de la danseuse et espionne au service de l'Allemagne, tandis que l'officier français François Lasalle est interprété par Jean-Louis Trintignant. Jeanne Moreau, plus impériale et séduisante que jamais, aborde le rôle avec élégance et sensualité, éclipsant alors les seconds rôles pourtant loin d'être mauvais. Le film, habile mélange de romance et d'espionnage portant largement la patte de Truffaut, est surtout un délicat et subtil portrait de femme ballottée par les aléas de la guerre, faisant ce qu'elle peut pour survivre et, surtout, vivre le grand amour.

L'intrigue est simple mais bien menée, et la réalisation fait preuve de quelques petites malices. L'époque est très bien reconstituée par les costumes et le mobilier. Mais il ne faut pas chercher de vérité historique concernant Mata Hari...

*
**

Elle avait pour nom Margaretha Geertruida Zelle. Quel destin curieux que celui de cette petite fille qui naît le 7 août 1876 aux Pays-Bas, à Leeuwarden, aussi appelée Leuvarde en français, une ville typique néerlandaise qui représente aussi le principal centre urbain, en plus d'être le chef-lieu de la province de Frise. Elle est issue d'une famille d'honnêtes commerçants. Son père, un brave homme, est marchand de chapeaux.

M'greet comme on l'appelle familièrement est l'aînée d'une famille de quatre enfants, elle a trois frères. Elle devient une splendide jeune fille qui fait baisser les regards et bondir les cœurs. En effet, dans ce pays froid, les origines de sa mère lui ont donné ce teint exotique qui fait le plus bel effet parmi la gent masculine hollandaise. On la dit vive et coquine et elle sait, très jeune, jouer de son charme. Son père l'adore et sacrifie son dernier argent pour lui faire faire des études. Mais, en fait d'études, Margaretha entretient une liaison sulfureuse avec le directeur de l'établissement où elle est censée s'élever à la culture. Cela n'est pas du goût de tout le monde et dans la prude société de cette fin du 19ème siècle, cet « amour contre-nature » fait jaser.

Lors de ses études à Leyde pour devenir institutrice, elle est renvoyée de l'école à la suite du scandale de sa relation qui éclate. Le directeur perd aussi sa place. Décidée et quelque peu aventurière, M'greet trouve un moyen de voir du pays en répondant à une annonce matrimoniale. Elle épouse un capitaine de vaisseau, de 20 ans son aîné, qui se fait fort de lui faire découvrir le monde. Ce n'est pas le grand amour. Être fruste et quelque peu violent, le dénommé Rudolf MacLeod préfère la bouteille à la jeune épousée. Cela ne va pas l'empêcher de lui faire deux enfants qui ne survivront pas.

En attendant, le couple s'est installé dans les Indes néerlandaises (ensemble des îles que les Pays-Bas contrôlaient en Asie du Sud-Est de 1800 jusqu'à la Seconde Guerre mondiale). Margaretha découvre une certaine façon de vivre qui lui convient fort bien. On dit que M'greet a commencé à ce moment-là une carrière d'escroc et de courtisane. Elle attirait dans son lit quelques hommes mariés. À ce moment-là survenait son mari qui faisait chanter les amants déconfits.

Lorsqu'en 1902 le couple regagne la Hollande, s'ensuit un divorce à La Haye (siège du gouvernement des Pays-Bas). M'greet s'en va à la conquête de Paris, capitale française. Voilà donc notre amie à l'assaut de la plus belle ville du monde. Jouant sur le patronyme écossais de son ex-mari, elle se fait appeler « Lady MacLeod » et, pour survivre, se fait entretenir par les hommes, devenant une cocotte, personnage qui se situe entre la courtisane et la prostituée dans le Paris de la Belle Époque. Elle se fait embaucher tout d'abord comme cavalière dans le cirque d'Ernest Molier, qui lui propose d'évoluer en danseuse dénudée ; elle commence dès lors à composer son rôle de danseuse orientale puis de mannequin. Elle trouve enfin sa voie et devient danseuse de charme. Le public découvre alors une princesse javanaise au nom exotique, « Mata Hari », ce qui, littéralement, veut dire « L'œil de l'Aurore » ou « soleil » en indonésien.

Elle devient rapidement l'une des figures du Musée des études orientales baptisé Musée Guimet, du nom de son mécène Emile Guimet. Dans cet espace culturel, une salle de spectacle privée accueille une nomenklatura (liste de personnes privilégiées, dans les pays de l'Est, du temps du régime soviétique, choisie et fortunée) Au fur et à mesure de ses apparitions, Mata Hari s'impose comme une artiste courue. Elle n'est pas vraiment belle, plutôt bien en chair, mais elle a une présence qui rend les hommes fous d'elle. Elle s'est créé une légende. Elle est née à Java et a été initiée à la danse par des prêtres bouddhistes. Et ça marche...

Le 13 mars 1905, le maître des lieux, le sieur Émile Guimet, convie ses amis à une soirée exceptionnelle au cours de laquelle est présenté un tableau typique. Le dieu Shiva aux six bras reçoit l'hommage sensuel de moult jolies filles. La maîtresse de ce ballet érotico-exotique n'est autre que Mata Hari qui, pour l'occasion, a revêtu un collant couleur chair plus que suggestif. Elle rend hommage au dieu hindou Shiva et s'offre à lui lors de la 3ᵉᵐᵉ danse, se dénudant progressivement. C'est le début d'un triomphe annoncé. La troupe présente le spectacle dans toute l'Europe mais aussi en Afrique. C'est à partir de cette date que celle que l'on appelle « Mata Hari » devient une vedette qui collectionne plusieurs amants fortunés et influents.

Lorsque la guerre éclate en 1914, contrairement à beaucoup d'autres, elle ne connaît pas les affres de la faim, de la soif et de l'exode. Bien au contraire. Cette femme polyglotte, qui est de nationalité hollandaise, est une égérie incontournable. Elle voyage librement d'un pays à l'autre. Il n'y a pas d'ennemis pour la danseuse mais que des amants potentiels. Et quels amants ! Devant le succès du spectacle parisien, Gabriel Astruc devient son imprésario pendant dix ans, faisant jouer la troupe en août 1905 à l'Olympia puis à travers toute l'Europe. Rémunérée alors 10 000 francs (1 524 euros) par soirée, couronnée d'aigrettes et de plumes, elle se produit d'une capitale à l'autre, guettée par les échotiers qui comptent ses chapeaux, ses chiens, ses fourrures, ses bijoux et ses amants.

Voilà qu'un jour, Mata Hari l'intrigante tombe amoureuse d'un jeune pilote de chasse russe, Vadim Maslov, fils d'amiral. Il n'a que 21 ans, mais qu'importe. Il a du charme et reflète l'insolence de sa presque adolescence. Lorsque l'avion du pilote est abattu, en septembre 1916, la jeune femme n'a qu'une idée en tête, rendre visite à son jeune ami, blessé à l'œil, qui a été hospitalisé dans les Vosges aux environs de Vittel, notamment connu pour son eau. Les choses ne sont pas si simples, les sauf-conduits ne se donnent pas comme ça. C'est alors qu'elle fait la connaissance du capitaine Ladoux, chef du contre- espionnage, qui fait une proposition à la jeune femme. Si elle veut voir son amant, il lui faudra tout d'abord rendre visite au Kronprinz, le prince héritier de l'Empire allemand qu'elle connaît, et tenter de lui soutirer un maximum de renseignements afin d'informer l'armée française. Elle bénéficiera en outre d'une confortable récompense. Un million de l'époque, une véritable fortune. En tant que ressortissante des Pays-Bas, elle peut franchir librement les frontières (son pays natal étant resté neutre durant ce conflit mondial).

La chose n'est pas une mince affaire car pour cela il faut faire des milliers de kilomètres. Elle doit tout d'abord se rendre en Espagne, puis en Hollande qui est en zone libre et de là regagner l'Empire allemand. Elle est arrêtée par les services secrets britanniques (MI-5) à Falmouth, une ville portuaire à l'extrême sud des Cornouailles, en Angleterre. On l'interroge puis ne trouvant rien à lui reprocher, on la laisse poursuivre son voyage. Mata Hari doit tenir parole si elle veut revoir son jeune amant. Pour cela, elle est prête à tout. Elle révèle aux britanniques son appartenance aux services secrets français.

À son arrivée à Madrid, elle ne tarde pas à séduire un attaché militaire allemand, le major Kalle qui informe Berlin des mouvements des sous-marins en Méditerranée et surtout à destination du Maroc. Il est en outre chargé de faciliter l'accession au trône de Grèce du prince héritier Georges. L'un de ses messages est intercepté par les alliés. Celui-ci semble explicite tout du moins pour les services du contre-espionnage : « L'agent H-21 s'est rendu utile ». Qui est donc cet agent H-21 qui a si bien travaillé ? La réponse est toute trouvée. Il s'agit de Mata Hari qui ne se doute de rien et qui rentre à Paris le 4 janvier 1917. Toujours aussi amoureuse, elle doit retrouver son pilote russe à l'Elysée-Palace, un hôtel prestigieux.

On la laisse tranquille quelques semaines mais le 13 février 1917, le capitaine Bouchardon sonne à la porte de sa chambre. Mata Hari ouvre à l'officier accompagné de deux soldats, avec un sourire. Elle est nue, impudique. Elle fait entrer avec courtoisie ses visiteurs. Elle ignore que pour elle, l'enfer va commencer. On ne trouve pas de preuve incontestable, mais le sac à main contient, parmi son maquillage, deux produits pharmaceutiques. Elle déclare que l'un de ces produits est un contraceptif, possession bien légitime compte tenu de ses activités, mais il entre aussi dans la composition de l'encre sympathique (une substance utilisée pour l'écriture. Elle est invisible une fois appliquée, mais peut être ultérieurement révélée par certains moyens d'action).

Conduite à la prison Saint- Lazare qui deviendra l'hôpital Saint-Lazare, située dans le 10ème arrondissement, elle est interrogée sans répit par Pierre Bouchardon, un magistrat. (Pendant la Première Guerre mondiale, il est mobilisé au 3ème conseil de guerre avec le grade de capitaine-rapporteur). Pressée de questions la prisonnière avoue qu'elle a bien touché de l'argent des Allemands. Pour faits d'espionnage ? Non, pas du tout, répond Mata Hari ; pour rétribuer ses faveurs. Le consul allemand en Hollande lui a même donné 20 000 dollars (18 614 euros) pour passer une nuit en sa compagnie. L'argument n'est pas recevable pour le militaire qui abat ses cartes. Mata-Hari est une espionne qui a joué sur plusieurs tableaux. À cause des confidences qu'elle tirait de ses divers amants, elle a causé la mort de plus de 100 000 hommes. Pour cette trahison, c'est la mort assurée. L'accusation, qui ne manque pas d'imagination, affirme que l'espionne utilise un code à base de notes de musique pour transmettre des messages à l'ennemi.

Accusée d'espionnage au profit de l'Allemagne dans le cadre d'une enquête sommaire, Mata Hari passe du statut d'idole à celui de coupable idéale, dans une France traumatisée par la guerre et dont l'armée vient de connaître d'importantes mutineries après l'échec de la bataille du Chemin des Dames. (Une mutinerie restée célèbre dans l'histoire de la part des soldats hostile à leur commandement. La bataille terminée, les tribunaux militaires prononcèrent 3 427 condamnations dont 554 à mort ; à sept reprises, Pétain refusa de transmettre les dossiers de recours en grâce et 43 mutins furent exécutés.

Le 24 juillet 1917, Mata Hari est jugée à huis clos et en une seule journée par le 3ème conseil militaire, au Palais de justice de Paris. Elle a choisi pour avocat, Maître Édouard Clunet, un ancien amant bien sympathique mais incompétent, dont la spécialité est le droit international. Celui-ci, d'ailleurs, va se montrer bien peu convaincant au cours du procès dans lequel la vie de sa cliente est en jeu. Parmi les témoins qui défilent rapidement, Vadim Maslov vient traiter son ancienne maîtresse « d'aventurière ». Il est bien loin le temps de l'amour fou.

D'autres, au contraire, soutiennent que la danseuse est incapable d'avoir fait de l'espionnage militaire. La messe est dite. Mata Hari va payer cher, très cher, ses élucubrations érotiques. À cette époque, le front est sujet aux mutineries des poilus qui n'en peuvent plus de cette sale guerre ; la « grande guerre » diront plus tard certains. La grande guerre où l'être humain ne vaut pas la pelle qui sert à l'ensevelir. On sait que certains officiers de l'époque ont envoyé leurs soldats se faire tuer à cause de leur incompétence. Il fallait un coupable. Mata Hari a été désignée comme la coupable idéale en assurant qu'elle avait le don de faire parler les responsables alliés et transmettre les informations à l'ennemi qui pouvait ainsi déjouer toutes les stratégies militaires.

Si cela est vrai, pourquoi n'a-t-on pas interrogé et puni les amants un peu trop bavards ? La Cour présidée par le lieutenant-colonel Somprou se doit de faire un exemple. Mata Hari, danseuse étrangère, est jugée coupable Elle est condamnée à mort pour intelligence avec l'ennemi en temps de guerre, sur réquisitoire de l'avocat général Mornet, et sa grâce rejetée par le président Raymond Poincaré qui laisse la justice suivre son cours. Oserons-nous cette image d'Épinal du petit matin blême et glacial et de cette femme fière, naguère adulée, aujourd'hui détestée, en pleine force de l'âge qui, ultime défi, refuse le bandeau qu'on veut lui poser sur les yeux ? Elle envoie des baisers à ceux qui ont déjà armé leurs fusils et qui dans quelques secondes vont mettre fin à sa vie. Elle sourit à son avocat torturé par le doute et au désespoir de n'avoir pas su trouver les mots pour mieux la défendre ?

Peu de temps avant son exécution, bien que n'étant pas croyante, elle a de nombreux entretiens avec le pasteur Jules Arboux qui était aumônier des prisons et qui l'accompagne jusqu'à ses derniers instants. Il est tôt en ce 15 octobre 1917 au pied de la forteresse de Vincennes. Le froid est là certes, et pourtant, les soldats qui s'apprêtent à épauler leurs armes pour viser la condamnée à mort sentent de grosses gouttes de sueur couler le long de leurs reins. Ils se demandent par quel mauvais coup du sort ils ont été désignés pour abattre celle qui fut l'égérie de toute une époque et qui leur sourit alors qu'elle n'est déjà plus qu'un souvenir.

Est-elle inconsciente, résignée, téméraire, courageuse ? Des années durant ils vont se poser la question. Ils vont douter de leurs propres raisons. Mais il leur faut accomplir leur mission jusqu'au bout. Ce sont des hommes de devoir. Un ordre bref et ils mettent la suppliciée en joue, ils savent qu'à ce moment, il ne faut pas tricher qu'il ne leur servirait à rien de détourner leurs armes. Cette femme doit mourir, et vite. C'est la meilleure chose qu'ils puissent lui offrir. Son sort est scellé parce qu'elle a trahi ou parce qu'elle a trop usé de ses charmes ou encore parce qu'il fallait qu'elle meure pour que d'autres n'aient pas à expier leurs erreurs et leurs incompétences.

Ils la voient dans leur ligne de mire, coiffée d'un grand canotier (un chapeau de paille de forme ovale à fond plat, à bords également plats, orné d'un ruban) et vêtue d'une robe élégante garnie de fourrures, avec un manteau jeté sur les épaules. Elle refuse d'être attachée au poteau et rejette le bandeau qu'on lui propose. Elle est vaillante, sans peur, insolente presque. Alors que les soldats la mettent en joue, Mata Hari s'écrie : « Quelle étrange coutume des Français que d'exécuter les gens à l'aube ! ». Un autre aboiement, ils tirent. Le corps s'écroule, petite masse informe, soudain recroquevillée et puis c'est l'ultime sacrifice, une balle dans la nuque pour achever l'offrande, pour pouvoir inscrire le mot « fin » à un procès d'opérette et faire tomber le rideau sur une mauvaise pièce de théâtre qui finit mal.

Le silence est épais, on entend à peine tousser l'avocat transi de froid dont les joues sont couvertes de larmes. Une méchante caisse en bois fait office de cercueil provisoire et l'on emporte le corps vers la morgue. Sa famille ne réclame pas le corps, qui est confié à la faculté de médecine de Paris où les restes du cadavre seront répartis sur les tables d'anatomie. De celle qui restera dans la mémoire collective comme Mata Hari, l'impossible espionne, on embaumera la tête sanguinolente que l'on confiera au Musée d'Anatomie de Paris où, ultime impudence, elle sera perdue un jour. À moins qu'un « admirateur » anonyme ait décidé de conserver cette macabre relique. Il y en a parfois qui ont vraiment des goûts bizarres.

Le 19 octobre 2001, grâce aux travaux de Léon Schirmann, chercheur et écrivain qui épluche les archives françaises, allemandes et hollandaises depuis 1992, la fondation néerlandaise Mata Hari et la ville natale de la danseuse, Leeuwarden, engagent l'avocat Thibault de Montbrial pour déposer une requête en révision du procès de Mata Hari auprès de Marylise Lebranchu, ministre de la Justice, seule habilitée à donner suite à la requête puisqu'elle n'émane pas des descendants de la condamnée. La demande est rejetée.

Les membres de la fondation « Mata Hari » sont persuadés d'après des documents d'archives que cette femme n'était en fait qu'une gourgandine à l'humeur folâtre. À ce jour, aucun dossier n'a été rouvert. Mata Hari, Dreyfus : ça ne sent pas bon le secret-défense cette histoire ! Presque un siècle après sa mort, Mata Hari, la princesse exotique, est toujours dans l'esprit des gens aussi mystérieuse que fascinante…

1986 - Henri portrait d'un serial killer

C'est lors du festival international du film de Chicago le 24 septembre 1986 que les spectateurs découvrent le film de John McNaughton qui reste interdit en salle au moins de 16 ans. En France il faut attendre le 6 février 1991 pour le voir en DVD ou rarement dans de petites salles spécialisées surtout dans les films « d'art et essai »

Hanté par une enfance martyre, Henry Lee Lucas tue. La seule manière pour lui de se libérer de ses démons. Il commence par sa mère, prostituée, qui dès son enfance l'habille en fille et le fait assister à ses ébats. Avec la complicité de Otis Toole, il écume les routes des Etats-Unis, choisissant ses victimes au hasard...

Les rôles principaux sont interprétés par Michael Rooker dans le rôle d'Henry Lee Lucas, tandis que celui d'Otis Toole est interprété par Tom Towles. Mc Naughton nous plonge dans l'enfer de deux serials killers les plus prolifique connus d'Amérique, Henry Lee Lucas et Otis Toole. Leurs méfaits sanglants sont filmés de façon documentaire par Mc Naughton et nous laissent pantois. Il faut souligner l'interprétation magistrale de Michaël Rooker qui tient là le rôle de sa vie. Le choix du comédien Michael Rooker pour interpréter Henry Lee Lucas n'est pas fortuit. En effet, la ressemblance physique entre l'acteur et le véritable monstre est troublante, et il s'agit d'une des raisons qui a motivé le réalisateur à le choisir pour entrer dans la peau du tueur en série.

Le film comporte certaines scènes de meurtres particulièrement choquantes responsables d'un important retard lors de la première sortie du film aux Etats-Unis. Finalisé en 1986, sa sortie n'a été programmée qu'en 1990 en raison des problèmes de censure. L'affaire se décanta grâce à l'aide de Chuck Parello, producteur-scénariste-réalisateur américain, qui fut grandement impressionné par le long métrage de John McNaughton. Il parvint à le programmer au Festival du film de Chicago et lui ouvrit les portes à de nombreux autres événements où Henry fit sensation.

*
**

Nous sommes en 1936. Pendant qu'en France le gouvernement de Léon Blum accorde aux français leurs premiers congés payés, de l'autre côté de l'atlantique l'Amérique va voir la naissance d'un des plus grands de ses tueurs en série. C'est le 23 août 1936 qu'Henry Lee Lucas naît à Blacksburg, en Virginie. Le petit Henry est issu d'une des familles américaines les pires qu'il soit.

Viola Dixon, sa mère, a déjà perdu la garde de ses sept premiers enfants. Elle pratique régulièrement la prostitution, parfois pour des sommes modiques (1 ou 2 dollars) avec tous les hommes du coin. Elle maltraite son mari, un ancien cheminot invalide de ses deux jambes, perdues lors d'un accident. Du fond de leur cabane qu'ils habitent dans les bois, ils vivent de presque rien et le petit Lucas ne mange jamais à sa faim. Les seuls signes d'affection qu'il reçoit sont les coups administrés par sa mère qui l'oblige à s'habiller en fille et à porter des cheveux longs pour se rendre à l'école. Sa mère le tape avec une telle violence qu'une fois, le jeune Henry reste dans le coma pendant trois jours. Le sort s'acharne sur lui lorsque son institutrice lui touche par accident un œil qu'il perd définitivement.

En 1949, le père du jeune garçon meurt et sa mère Viola, loin de vouloir le consoler, redouble de violence. L'alcool aidant, elle se donne en spectacle avec l'un de ses amants, Berny Dowdy, qui va initier le jeune Henry aux pratiques les plus étranges comme la nécrophilie ou la zoophilie. Il calme ses

27

pulsions en égorgeant des animaux. C'est à partir de ce moment-là que l'adolescent va associer de manière systématique le plaisir sexuel et la mort.

Un an plus tard, alors qu'il n'a que 14 ans, Henry va commettre son premier meurtre sur la personne d'une jeune fille qu'il tente de violer. Pour faire cesser les cris, il l'assassine. Livré à lui-même, il ne vit que de ses crimes et de ses vols. La police finit par le confondre et l'envoie en maison de correction où il restera un an. C'est en sortant qu'il rencontre une autre jeune femme répondant au doux prénom de Stella qu'il projette d'épouser. Mais voilà, la mère du jeune garçon ne voit pas ça d'un bon œil. Les disputes sont fréquentes et de plus en plus violentes. C'est au cours de l'une d'elle que le jeune Henry tue sa mère. Il est condamné à quarante ans de prison et Stella rompt avec lui en lui promettant de garder une amitié à son égard.

Détenu modèle, Henry est libéré en 1970, après seulement trente ans de prison, mais retourne en prison en 1971 après qu'il a agressé deux jeunes femmes et tenté de les violer. En 1975, on lui donne une seconde chance en le libérant à nouveau. Il travaille comme ouvrier dans plusieurs sociétés et fait également la connaissance de Betty Crawford qu'il épouse. La jeune femme a déjà deux filles issues d'un premier mariage. Henry ne trouve pas mieux que de les agresser sexuellement de manière régulière. Un jour, l'aînée occupée à laver la vaisselle se rebelle et le blesse avec un couteau.

Elle met au courant de la situation sa mère qui décide de chasser Henry. Il va vivre chez sa sœur pour une courte durée. C'est en 1976 qu'il va faire la connaissance d'Ottis Toole.

Ottis Toole nait le 5 mars 1947 à Jacksonville dans l'état de Floride. Dès son plus jeune âge, il subit des abus sexuels de la part de son père puis de son beau-père. Son seul attachement est vis-à-vis de sa sœur dont il emprunte ses vêtements qu'il porte à chaque fois qu'il en a l'occasion. Il est humilié à cause de son homosexualité qu'il découvre très tôt. Sa mère, une grande fanatique religieuse, n'accepte pas ce qui est pour elle une perversion satanique. Elle confie souvent le jeune Ottis à sa grand-mère qui le fait participer à des sacrifices d'animaux. Elle emmène également son petit-fils dans des cimetières pour récupérer des morceaux de cadavres afin d'en tirer des potions magiques.

Sa grand-mère ne trouve pas mieux que de lui attribuer un surnom : « the devil's child » (l'enfant du diable) qui s'ajoute déjà aux nombreux handicaps qu'il possède déjà. Outre un retard mental, il souffre de dyslexie et d'épilepsie. Ses tenues efféminées font de lui la risée de ses camarades de classe dans l'Amérique des années 1950. C'est sa sœur qui l'encourage à se tourner vers la prostitution. Il commence à consommer des boissons alcoolisées dès l'âge de sept ans et se drogue à neuf.

C'est également avant son adolescence qu'il devient incendiaire car la vue du feu l'excite beaucoup. Il décide de quitter l'école, persuadé qu'elle ne lui sera d'aucun secours. Son seul souhait pour le moment est de changer de sexe. Il décide d'assumer ses choix en ne s'habillant qu'en femme, les hormones l'aident pour l'apparence et il rencontre un vif succès auprès de ses clients. Selon ses dires, c'est l'un d'eux qui sera sa première victime de meurtre depuis qu'il se prostitue. Il commet également de nombreux meurtres de femmes sans jamais être arrêté. Son projet transsexuel ne sera jamais mené à son terme. Ottis se conforte dans la vie qu'il s'est créé, donnant libre cours à ses phantasmes. Pourtant, une rencontre va tout changer, celle qu'il va faire avec Henry Lucas.

Les deux hommes s'apprécient beaucoup, aussi bien spirituellement que physiquement ; ils décident de devenir amants et commettent leurs larcins en duo. Vols, viols et meurtres sont les distractions qu'ils effectuent sous l'emprise d'alcool et de drogues. Lucas aime pratiquer la strangulation car ceci lui procure une jouissance inouïe, alors que Toole affectionne les armes à feu. L'association des deux tueurs va provoquer selon leurs dires plus de cent victimes. Ottis Toole décide de faire découvrir à Lucas les joies du cannibalisme et met au point une sauce barbecue restée tristement célèbre pour déguster ses victimes.

C'est en 1982 que Henry Lucas décide d'enlever la nièce d'Ottis Toole, Becky Powel qui travaille pour Kate Rich. Les deux femmes sont portées disparues alors que Lucas, entre temps, est arrêté pour port d'armes illégal. C'est en 1983 qu'il va avouer les deux meurtres. Les deux hommes essaient de faire reconnaître coupable une secte satanique bien connue des services de police « The hand of death » (la main de la mort), spécialisée dans le kidnapping d'enfants de la frontière entre les Etats-Unis et le Mexique à des fins de prostitution, mais l'existence de cette dernière activité n'a jamais été prouvée. En ce qui concerne Ottis, c'est surtout son implication dans le crime du petit Adam Walsh, âgé de sept ans, que les autorités retrouvent dans une rivière, décapité. Il s'amuse avec les forces de police et la justice pour tantôt avouer le meurtre et se rétracter avant d'avouer de nouveau. Les deux hommes, enfermés dans des lieux différents, ne se reverront jamais. Il déclare un peu plus tard au sujet de Lucas, « Je n'ai jamais vu quelqu'un d'aussi dégoûtant… Je ne savais pas ce qu'il pensait la plupart du temps. Je ne sais pas comment j'ai atterri avec un type pareil… ».

C'est le 15 juin 1983, dans la prison du comté de Montague au Texas, que Joe Don Weaver entend des cris qui proviennent de la cellule d'un homme arrêté pour détention illégale d'armes, soupçonné également d'un double meurtre. Son nom : Henry Lucas. Les cris risquant de réveiller tous les prisonniers, il décide d'aller voir pour connaitre leur cause. Trois nuits auparavant, il l'avait retrouvé pendu dans sa cellule, il s'en était fallu de peu, d'où cette attention particulière. Le gardien lui demande de se calmer et retourne à ses occupations lorsqu'un nouveau cri l'interpelle.

Lucas commence à lui dire qu'au cours de sa vie, il a fait beaucoup de choses pas très bien. Après un long silence, il demande au gardien du papier et un crayon. Il se passe une demi-heure avant qu'il ne lui remette une longue lettre à l'attention du shérif du comté Bill Conway. A la lecture de la lettre, Joe Don Weaver décide d'appeler le shérif. A son arrivée le policier emmène Lucas dans une salle pour procéder à son interrogatoire. Il prévoit du café et un paquet de cigarettes. Lucas en était privé depuis son incarcération au mois de septembre où il était soupçonné du crime de Kate Rich, une femme qui avait recours à ses services pour des petits travaux et âgée de quatre-vingts ans. La compagne de Lucas, Becky Powell, âgée de quinze ans avait également disparu. Dix ans de meurtres, il veut que cela s'arrête, il ne veut plus de cette vie.

Quelques heures plus tard, l'homme au physique pour le moins étrange, possédant un œil de verre, laisse entrevoir dans ses paroles des dents gâtées et tâchées de nicotine. Bill Conway lui demande des explications sur la longue lettre qu'il a voulu écrire. Une lumière, malgré l'obscurité de sa cellule, lui a ordonné de confesser ses péchés. Lucas se rappelle du meurtre et du viol post mortem de la vieille dame dans les moindres détails. Il tua ensuite Becky Powel qui posait un peu trop de questions à son goût. Touchée au cœur par un couteau de boucher, elle s'effondre immédiatement. Une fois le corps refroidi, Henry la viole allégrement. Il raconte cette histoire d'un ton calme comme un ouvrier qui rentre paisiblement après sa journée.

Le shérif décide de brancher un magnétophone pour enregistrer la conversation. Pour ce faire il appelle son collègue le ranger Phil Ryan Conway. Il s'avère nécessaire d'avoir des renseignements sur cette Becky Powell. Lucas explique qu'il est tombé amoureux d'elle en 1978, alors qu'elle n'était âgée que de onze ans, c'était la nièce de son ami Ottis. Souffrant d'un retard mental, elle n'était déjà plus vierge. Il faut dire que chez les Toole on était initié très tôt aux joies du sexe. A l'époque déjà, Henry et Ottis se partageaient mutuellement leurs conquêtes issues des deux sexes, sodomisant parfois ensemble leurs victimes, voire eux-mêmes. Becky et sa sœur aînée avaient un penchant aussi pour la pyromanie car ça les stimulait sexuellement. Le shérif et le ranger avaient du mal à croire ce qu'ils entendaient et étaient pris de nausées.

Persuadés que la confession est terminée après une longue journée à écouter les détails sur la façon dont il se débarrassaient des corps coupés en morceau, les deux hommes sont épuisés quand la soirée pointe son nez. Mais Lucas ne veut pas s'arrêter, il avoue qu'en fait, c'est plus de cent crimes qu'il a commis seul ou avec son amant Ottis Toole. Le travail des enquêteurs va s'avérer compliqué, sur chaque déclaration il va falloir vérifier. Chaque vérification que les hommes font, aboutie à la découverte d'un cadavre ou de pistes prouvant les dires de Lucas. Ils se font aider par la police des autres Etats lorsque les crimes n'ont pas été commis au Texas.

Le 17 juin 1983 le tribunal du Comté de Montague inculpe Henry Lucas pour le double meurtre et le port d'arme illégal. L'audience préliminaire est fixée au 21, soit quatre jours plus tard. Un journaliste, Mike Cox, assiste à cette audience, n'ayant pas d'autre affaire intéressante à se mettre sous la dent. La chance lui sourit lorsque le juge Franck Douthitt relit au prévenu l'acte d'accusation concernant le double meurtre. Il insiste auprès de Lucas pour qu'il prenne bien conscience de la gravité des actes et des charges qui pèsent sur lui. C'est d'une voix calme que Lucas répond : « Oui monsieur ! Il y en a une centaine en tout ! ». Le lendemain, à la une des journaux, on pouvait lire « Un vagabond avoue une centaine de meurtres ».

Tandis que les Etats-Unis prennent conscience qu'il est difficile de pister un criminel vagabond du fait que les polices de chaque état ne collaborent pas ou si peu. Les policiers défilent dans la cellule d'Henry pour espérer recueillir ses confidences sur des affaires non résolues. Le 1er octobre 1983, il est condamné à 75 ans de prison pour le meurtre de Kate Rich et le 8 novembre, à la réclusion criminelle à perpétuité pour le crime de Becky Powell. Au fur et à mesure que les preuves arrivent pour les autres affaires, il est condamné à des peines de prisons plus ou moins longues et même à la peine de mort.

Lucas trouve qu'on ne le traite pas avec assez de respect, il décide donc de jouer un peu avec la police et les journalistes. Parfois il avoue deux crimes le même jour dans des états différents, ce qui lui était impossible matériellement. Les journalistes commencent à douter de la vérité de ses propos, pourtant les enquêteurs qui le connaissent un peu mieux ont appris à se méfier, car une grande partie de ce qu'il disait s'avérait exact, seuls certains détails et lieux étaient différents. Lucas le savait très bien et cela faisait partie à ses yeux du jeu. Au total lorsqu'il était « associé » à Ottis Toole, trois cent soixante meurtres ont été commis. Lucas fit appel à sa mémoire pour donner des détails précis sur cent soixante-quinze d'entre eux.

Une fois les condamnations tombées, Henry Lucas se montre plus à l'aise dans sa cellule, un peu comme une délivrance après avoir en partie avoué ses meurtres. Il commence à grossir et se fait soigner les dents. Son apparence change et les policiers et visiteurs commencent à le trouver un peu moins répugnant. Chargé de sa sécurité, le shérif lui attribue une cellule particulière. Devenu une star nationale, les magazines et télévisions demandent des interviews à tour de bras. La seule condition pour une bonne coopération exigée par Lucas est qu'on le traite avec respect. Mike Cox, le premier journaliste qui avait couvert l'événement ne lui rend visite que pour l'écouter et raconter sa biographie. En collaboration avec l'écrivain Max Call et le psychiatre Joël Norris, un livre « La main de la mort » parait en 1985.

Ottis Toole et Henry Lee Lucas nourrissent tous deux une rancœur envers la société qui les a malmenés. Ottis était souvent le bouc émissaire, ses manières efféminées lui valant des railleries sans fin. Ottis trouvera en Henry une sorte de mentor, l'acceptant lui, tel qu'il est. Ottis Toole est condamné à la peine de mort en 1984, peine commuée ensuite en prison à vie du fait que certains psychiatres de la défense ont spécifié qu'il était atteint de schizophrénie paranoïde, bien que cette déclaration ait été remise en cause. Il est incarcéré à la prison d'État de Floride à Raiford où le tueur en série Ted Bundy est aussi détenu. Il meurt en détention d'une maladie opportuniste du foie liée au sida le 15 septembre 1996.

De nombreuses preuves manquent pour faire reconnaître Henry Lucas responsable de tous les crimes qu'il aurait commis. C'est en avril 1984 qu'il est finalement reconnu coupable de dix-sept meurtres et condamné à la peine de mort. A chaque visite de la police dans sa cellule, il continue de jouer au jeu des aveux et des mensonges sur les crimes non élucidés. C'est en juin 1998 que le gouverneur du Texas George W. Bush, qui deviendra également Président des Etats-Unis, va commuer sa peine en prison à vie.

Henry Lucas meurt d'une crise cardiaque dans sa cellule le 13 mars 2001. On ne saura jamais vraiment si le nombre de trois cent soixante crimes avoués est plausible, mais l'affaire d'Henry et de son complice Ottis reste certainement l'une des affaires criminelles la plus spectaculaire de ce grand pays. Comment, pendant de nombreuses années, ce couple homosexuel et sadique a pu traverser les Etats-Unis, semant les cadavres sur son chemin ? Des débuts d'explications se trouvent dans l'un des films les plus réalistes et les plus intéressants sur les tueurs en série : « Henry Lee Lucas, portrait of a serial killer ». Avec un certain plaisir, Toole participe avant sa mort à quelques documentaires en compagnie de Stéphane Bourgoin, le spécialiste français de ce genre d'individu. On trouve un Ottis Toole charmeur, souriant et drôle. Seule ligne de conduite à tenir, ne pas oublier de le complimenter sur sa fameuse sauce barbecue…

La voilà, la fameuse recette de sauce barbecue d'Ottis Toole... je ne vais pas vous faire toute la traduction, avec les fautes d'orthographe et son écriture, c'est une horreur à déchiffrer, mais juste pour le plaisir, je vous donne la préparation en français dans le texte...

Faire cuire la pâte de tomate à feu doux ou réchauffer pendant 15 minutes Mettre le sang, les poivrons les champignons et les gousses d'ail ensemble et mélanger avec le vinaigre et le sel. Quand la pâte commence à frémir, mélanger le tout et cuisiner ça pendant 5 minutes pour une sauce épaisse : pour la sauce spaghetti ne pas mettre de vinaigre. Pour 4 à 6 portions de viandes et de spaghettis.

1989 – L'union sacrée

Le 15 mars 1989, le réalisateur Alexandre Arcady sort son film « l'union sacrée » avec Patrick Bruel (Simon Atlan) et Richard Berry (Karim Hamida). Arcady propose dans un premier temps à Richard Anconina de jouer le personnage de Karim mais ce dernier émet des réserves sur son association potentielle avec Patrick Bruel qu'Arcady voit comme une évidence pour jouer Simon. Finalement le rôle sera proposé à Richard Berry qui accepte.

Simon Atlan, un inspecteur de la brigade des stupéfiants juif et pied-noir doit faire temporairement équipe avec Karim Hamida, un policier arabe. Les deux hommes doivent démanteler un réseau de trafiquants de drogue et d'armes mis en place par des musulmans extrémistes. Pour mener cette mission à bien, Karim et Simon devront mettre leurs différends de côté.

Pour réaliser ce film Alexandre Arcady s'inspire de trois événements qui ne sont absolument pas liés, l'attentat de la rue des Rosiers du 9 août 1982 qui a fait six mort et vingt-deux blessés, Le meurtre d'une policière Yvonne Fletcher le 17 avril 1984 pendant la manifestation de 75 opposants libyens en face de l'ambassade libyenne à Londres et enfin l'expulsion de Wahid Gordji de l'ambassade d'Iran à Paris soupçonné d'entretenir des liens avec les milieux islamistes radicaux qui prépare des attentats sur Paris.

Dans le film à la demande du réalisateur c'est Jo Goldenberg, le propriétaire du restaurant visé par les terroristes dans l'attentat de la rue des Rosiers qui joue son propre rôle, il va déclarer à Alexandre Arcady une phrase qui va le déculpabiliser de faire revivre aux habitants du quartier le traumatisme pour une seconde fois : « Le cinéma sert aussi à cela. Faire revivre l'horreur pour mieux la dénoncer ». En 1988, le réalisateur déclare : « Avec ce film, je voulais dénoncer la montée d'un islam radical et haineux, les prémices de ce que nous connaissons aujourd'hui. Avec L'Union Sacrée j'ai pu démontrer que deux hommes que tout semble séparer en apparences pouvaient s'unir contre le fanatisme et l'obscurantisme » Au final, le film est un polar nerveux et ultra efficace porté par l'homogénéité de son duo principal et peut aussi se targuer de scènes d'action bien menées et d'une mise en scène classique mais qui va droit au but.

Rayon seconds rôles Bruno Cremer et Claude Brasseur sont évidemment impeccables mais on regrettera le peu d'envergure accordée au personnage féminin de Lisa interprétée par une Corinne Dacla qui ne démérite pourtant pas. Si certains clichés affaiblissent le propos et que le temps affadit légèrement l'ensemble, le film doit à un Patrick Bruel excellent en jeune loup fougueux et à un Richard Berry impeccable en militaire froid et tempéré, son parfait cocktail, le punch global finissant de faire de L'Union Sacrée une vraie réussite qui totalise 1 219 603 entrées en France.

Pour finaliser ce film « coup de poing » c'est le chanteur-compositeur Jean-Jacques Goldman et Roland Romanelli qui signe la bande originale avec une Carole Fredericks au top de sa forme dans l'interprétation du titre « Brothers ». On entend également la voix de Jean-Jacques Goldman pour le thème de Lisa entre amour, tendresse mais aussi le désespoir de ne pouvoir s'attacher à l'homme qu'elle aime pourtant.

Certes, le film présente des invraisemblances, la plus flagrante reste l'agent de la Direction Générale de la Sécurité extérieure (DGSE) interprété par Richard Berry (Karim Hamida) qui avoue sa véritable identité et mission à son collègue policier

Patrick Bruel (Simon Atlan), ce qui est tout à fait impossible et contraire aux usages de sécurité. Alexandre Arcady imagine une vengeance fictive en précisant que Simon et Karim l'ont sans doute rêvée, mais précise toutefois que la loi du Talion n'est pas une solution.

*
**

La France, comme tous les pays du monde, possède une politique étrangère qui lui permet de conclure des accords commerciaux et politiques. Dans chaque pays où sont conclus ces accords, une ambassade est installée, afin de garantir sur place un interlocuteur protégé par les accords internationaux. Certes, depuis quelques années, elle assiste à une nouvelle menace venant de l'étranger : le terrorisme.

L'attentat perpétré à Munich en 1972 pendant les Jeux Olympiques a démontré une certaine menace et une détermination de ses auteurs qui ont tenté d'imposer leur façon de penser sous la menace. Jusqu'à présent, la France se croyait à l'abri, du moins sur son sol, car l'attaque du car de ramassage scolaire à Djibouti a bien démontré que la France ne sera pas épargnée. Certes, elle a commencé à réagir avec la création du GIGN (Groupe d'Intervention de la Gendarmerie Nationale), renforcé sa politique extérieure ainsi que la DST (Direction de la Surveillance du Territoire). Mais ce qui rend difficile la lutte contre le terrorisme c'est l'effet de surprise et les attentats au hasard. La France fait connaissance avec cette menace au début de l'année 1982 avec Ilitch Ramirez Sanchez, dit Carlos. Ce ne sera que le début d'une nouvelle guerre.

C'est en mai 1937 que nait Sabri Khalil al-Banna à Jaffa en Israël, dans la partie la plus ancienne de la capitale Tel Aviv. A l'époque il s'agissait encore de la Palestine. Son père était un riche propriétaire d'orangeraies et la famille vivait de façon très confortable dans une maison en pierres située près de la plage.

L'ONU décide le 29 novembre 1947 d'approuver la résolution qui permet le partage de l'Etat palestinien en deux, un Etat juif et un Etat arabe. Jérusalem quant à lui reste sous le contrôle international. Il n'en faut pas plus pour que des combats éclatent. A Jaffa, un manque de nourriture et les explosions de bombes et camions piégés plongent le pays dans le chaos humanitaire et économique. Les troupes israéliennes prennent possession de Jaffa en avril 1948. La famille est forcée de partir pour le camp de réfugiés basé à Bureij situé dans la partie centrale de la bande de Gaza sous contrôle égyptien. Sabri est profondément marqué par cette période. Il achève ses études secondaires en 1955 et adhère au parti nationaliste arabe. Il rend visite à sa mère à Naplouse, chassée par la famille après le décès de son père. C'est ainsi qu'en 1962, il rencontre sa future épouse.

Installé en Arabie-Souadite, Sabri Khalil al-Banna participe au groupe « l'organisation palestinienne secrète ». C'est ce premier engagement politique qui lui vaut la perte de son emploi et son expulsion par le gouvernement saoudien. C'est ainsi qu'il rejoint les rangs de Yasser Arafat au sein de l'OLP (Organisation de libération de la Palestine). En 1967, la guerre des Six jours voit la victoire des israéliens qui prennent le contrôle de Golan, la Cisjordanie et la bande de Gaza. Il déménage à Amman en Jordanie. C'est là qu'il créé une société d'import-export nommée Impex. Les membres du groupe lui demandent de se choisir un nom de guerre, c'est ainsi qu'il choisit Abou Nidal signifiant « le père de la lutte ».

C'est le 12 septembre 1970 que débute le conflit « Septembre noir », lorsque le roi Hussein de Jordanie déclenche une grande opération militaire pour tenter l'élimination des fédayins (de petits groupes palestiniens ne reconnaissant pas Israël et qui s'y opposent par les armes) de l'Organisation de libération de la Palestine dirigée par Yasser Arafat. Les combats qui s'achèvent en juillet 1971 font plusieurs milliers de morts dans les deux camps surtout parmi les civils palestiniens. Arafat est expulsé de Jordanie et trouve refuge au Liban sous la protection de la Syrie.

Abou Nidal se rapproche d'Abou Daoud, dirigeant de l'organisation « Septembre noir » (en hommage aux événements de 1970) responsable du massacre de Munich. Déjà en 1971, il rencontre l'écrivain et militant palestinien Naji Alloush. En février 1973, Aboud Daoud, en représailles, tente d'assassiner le roi Hussein de Jordanie. Il est arrêté. Le 5 septembre 1973 Abou Nidal, avec cinq hommes armés pénètre dans l'ambassade d'Arabie Saoudite située à Paris et prend en otage quinze personnes pour exiger la libération du leader de « Septembre noir ». Il s'envole ensuite vers le Koweït. Ils se rendent le 8 septembre alors qu'Abou Daoud est libéré 15 jours plus tard, le Koweït ayant versé une rançon de 12 millions de dollars au roi de Jordanie.

En novembre 1973, alors que la guerre du Kippour oppose, du 6 au 24 octobre 1973, Israël à une coalition menée par l'Égypte et la Syrie, Abou Nidal et son organisation décident de détourner le vol KLM 861 sous le nom : « d'Organisation de la jeunesse nationaliste arabe ». Moment mal choisi alors que le Fatah (parti politique de Yasser Arafat) essaie de mettre sur pied une conférence de paix devant avoir lieu à Genève. En réponse Yasser Arafat décide de prononcer l'expulsion d'Abou Nidal de l'OLP.

En octobre 1974, Abou Nidal fonde son organisation. Il décide de l'appeler « Fatah-Conseil révolutionnaire ». Il est condamné à mort le mois suivant par le Fatah alors qu'il a tenté d'assassiner Mahmoud Abbas, l'un de ses membres chargés des finances. Grâce à l'aide de l'Irak, Nidal réussit à

45

mettre en place une véritable petite armée de 500 hommes qui jusqu'à présent se trouvaient dans les camps de réfugiés situés en Palestine ou au Liban. L'organisation leur verse un salaire correct avec la promesse de venir en aide à leur famille et leurs enfants. Envoyés dans des bases d'entrainement, il leur a été impossible ensuite de quitter le mouvement. On leur apprend l'obéissance aveugle mais aussi le sens du sacrifice.

Plusieurs représentants de l'OLP sont assassinés en 1978. Notamment en Europe. Saïd Hammami le 4 janvier en Grande Bretagne à son bureau de Londres. Ali Yassin devant son domicile au Koweït le 16 juin. Ezzedine Kalak et son assistant Adnan Hammad dans son bureau, boulevard Haussmann à Paris, le 3 août. C'est naturellement Abou Nidal qui est soupçonné.

C'est au tour de Naïm Khader, le 1er juin 1981, d'être assassiné en Belgique à son domicile d'Ixelles, crime attribué à l'une des branches de l'organisation appelé « Juin noir ». Majed Abu Sharar, meurt le 9 octobre de la même année par l'explosion d'une bombe alors qu'il séjournait dans un hôtel de Rome. C'est Al-'Asifa, l'une des branches également d'Abou Nidal qui revendique l'attentat. Shlomo Argov quant à lui est assassiné par Hussein Ghassan Saïd, un agent de l'organisation le 3 juin 1982. Il survit de la balle reçue dans la tête mais reste handicapé après trois mois de coma. Ariel Sharon, alors ministre israélien de la défense, répond trois jours plus tard par l'invasion du Liban où l'OLP a sa base, alors que le pays nie toute participation à cet attentat.

Le 9 août 1982 à 13 h 15, ce sont entre deux et cinq personnes qui pénètrent dans un restaurant parisien situé entre la rue des Rosiers et Ferdinand-Duval, celui de Jo Goldenberg. Le nombre d'assaillants est incertain car les témoignages des personnes présentes sont restés très confus. Une cinquantaine de clients se trouvent à table, les terroristes masqués lancent une grenade et mitraillent aussi bien les clients que les employés. Avant de s'en aller, ils lancent une seconde grenade, partent à pied en continuant de tirer sur les personnes présentes. L'attentat fait six morts et vingt-deux blessés. C'est le juge Jean-Louis Bruguière qui mène l'enquête et soupçonne rapidement l'organisation d'Abou Nidal, grâce à la signature des armes utilisées, munitions 9 millimètres tirées par un PM WZ63. Arme qui sera ensuite retrouvée le 13 août 1982 dans le bois de Boulogne avec un pistolet mitrailleur WZ 5,56, trois chargeurs et 29 balles de 9 millimètres. En 2015 seront identifiés trois hommes vivant en Cisjordanie, en Jordanie et en Norvège. Les témoins sont formels, il s'agit bien de Mouhamad Souhair, Mahmoud Khader Walid Abdulrahman. Des mandats internationaux sont lancés, mais jamais exécutés. Le 27 décembre 1985, c'est l'attentat dans deux aéroports, celui de Rome et celui de Vienne. Quatre hommes armés ouvrent le feu sur un comptoir à l'aéroport Léonard de Vinci faisant 16 morts et 99 blessés. Pour celui de Vienne-Schwechat, des grenades sont lancées sur des passagers attendant leur enregistrement. Bilan : 4 morts et 39 blessés. Abou Nidal entend sanctionner ces deux pays pour avoir tenté de participer à des tentatives d'organisation de pourparlers de paix.

Le terrorisme bat son plein et les représailles aussi. Les Etats-Unis lancent un raid aérien le 15 avril 1986 contre Tripoli et Benghazi en Lybie. Cent personnes y perdront la vie dont la fille adoptive du dirigeant lybien Mouammar Kadhafi. C'était une réponse à une attaque dans une discothèque de Berlin qui était fréquentée par de nombreux militaires américains. Nouvelles représailles, Alec Collett, le journaliste britannique, précédemment enlevé en mars de la même année à Beyrouth est pendu par l'organisation d'Abou Nidal, juste après le raid américain. Les corps de deux enseignants britanniques, Leigh Douglas et Philip Padfield et d'un Américain, Peter Kilburn, furent retrouvés dans un village près de Beyrouth le 17 avril 1986. Leur assassinat est revendiqué par les Cellules fédayins arabes, une appellation rattachée à Abou Nidal.

Mouammar Kadhafi commence à redouter de plus en plus les attaques alliées contre son pays, il prend ses distances avec le terrorisme et décide d'expulser Abou Nidal de Lybie en 1999. Ce dernier rejoint l'Irak en 2002. Le gouvernement irakien mène son enquête et découvre que le terroriste est entré sur son sol avec de faux papiers. C'est un journaliste palestinien Al-Ayyam, qui dévoile le 19 août 2002, une information selon laquelle Abou Nidal serait mort trois jours auparavant. Le décès est confirmé par les services secrets le 21 août 2002, jour où Tahir Jalil Habbush al-Tikriti, le chef des services secrets irakiens, exhibe aux journalistes des photos de la dépouille du terroriste, ainsi qu'un rapport médical indiquant qu'il était mort après qu'une balle eût pénétré par sa bouche et lui eût perforé le crâne…

Crimes et cinéma 06

2000 – Ed Gein le boucher

C'est le 17 novembre 2000 que sort le film consacré à l'un des plus célèbres nécrophiles des Etats-Unis. Le long métrage de Chuck Parello est toutefois classé dans la catégorie policier, drame, biopic. Sa sortie l'année suivante en DVD va le qualifier dans la catégorie horreur et épouvante. Inspiré des faits réels de la vie d'Edward Theodore Gein, ce film reprend avec beaucoup de réalité tous les détails récurrents de l'histoire originelle de ce tueur en série du 20ème siècle.

1957. Dans la petite ville tranquille de Plainfield, Ed Gein mène une vie ordinaire dans la ferme familiale. Mais la ferme est isolée, les parents d'Ed sont morts et les récoltes ont pourri depuis longtemps. Et les fantômes d'Ed Gein le hantent.

Ce film, contrairement à « Gacy » brossant trop superficiellement le portrait du tueur et dénué de véritables scènes choc, est de facture plus qu'honnête. Ici, même si le métrage aurait gagné plus en développant davantage certains aspects de la vie du serial killer et en adoptant un rythme plus soutenu, on en apprend pas mal quant aux motivations du psychopathe et sur ce qui l'a poussé à agir ainsi. De plus, certaines scènes très réalistes, font parfois froid dans le dos. C'est Steve Railsback qui endosse le rôle d'Ed Gein, il est vraisemblable qu'avec un autre acteur plus charismatique, le film aurait gagné en qualité, ce qui en fait un film classé en série « B ».

Certes le film montre à quel point ce serial-killer était atteint psychologiquement, hanté qu'il était par une mère trop stricte et humiliante. Elevé par cette dernière abusive et formatée aux textes religieux. Un ratage en règle, le film définitif sur ce tueur en série reste à faire, en attendant on se contentera des bouts de sa personnalité qui ont inspiré quelques grands classiques tels que « Massacre à la tronçonneuse », « Psychose » ou bien « Le silence des agneaux ».

*
**

Nous sommes dans la ville de La Crosse, bâtie le long du Mississipi dans l'état du Wisconsin. Fortement boisée et peuplée en majeure partie de fermiers et de chasseurs, c'est le 27 août 1906 que Edward Gein voit le jour. Ses parents, George et Augusta, ont déjà un premier fils âgé de 7 ans. On peut dire qu'Edward n'est pas la fille qu'attendait sa mère. Très portée sur la religion, Augusta décide d'élever ses garçons Henry et Edward très durement afin qu'ils ne deviennent pas, comme leurs congénères, des pêcheurs ou chasseurs peu respectueux des paroles du saint Evangile.

Cette femme dominatrice distribue ainsi à ses fils une vision du monde très personnelle où le sexe n'est que pêché, dans le but de les dégouter sous prétexte qu'en s'y livrant, ils finiraient en enfer. La seule lecture qu'elle leur donne quotidiennement est la bible. Son fort caractère impose ses croyances aussi bien à ses enfants qu'à son mari George qui n'est pas un mauvais bougre, certes un peu alcoolique, mais qui n'a pas son mot à dire dans l'éducation d'Henry et Edward. Elle prie chaque jour pour que son époux meure, demandant également à ses enfants de se joindre à sa prière. Frustré des critiques de sa femme qui considère qu'il n'est pas assez bien pour elle, il développe une rancœur l'obligeant à lui répondre. L'alcool aidant, il lui arrive également de la battre, ce qui n'est pas pour arranger sa démence religieuse.

Augusta décide d'ouvrir une épicerie afin de gagner assez d'argent pour fuir les tentations sataniques de la ville. C'est ainsi qu'en 1914 toute la famille s'installe dans une ferme de 80 hectares située à 9 kilomètres de Plainfield. Cette petite ville de 640 habitants offre, d'après leur mère, bien moins de tentations sataniques. Les premiers voisins ne se trouvent qu'à 250 mètres.

Dès l'âge de 13 ans, les deux garçons sont retirés successivement de l'école sous le prétexte que des travaux les attendent à la ferme. En fait, la mère veut les couper totalement du monde extérieur qui, selon elle, est néfaste pour leur bienêtre. Edward est un élève moyen, très attiré par les livres et les magazines d'aventure, ce qui lui permet de s'évader un peu de son quotidien. Ses lectures stimulent son esprit mais créent également chez lui son propre monde. Moqué par les autres écoliers qui le trouvent timide et efféminé, il n'a pas d'amis. De toute façon, lorsqu'il essaie de s'en faire, sa mère ruine ses plans en le réprimandant sévèrement. Attristé par la situation, il voue toutefois à sa mère une vénération et une bonté incarnées et suit ses ordres autant qu'il le peut. Rarement satisfaite de ses enfants, elle les insulte copieusement en les traitant de ratés comme leur père.

Edward a beaucoup d'admiration pour son frère aîné qu'il considère comme un bon travailleur et devient l'homme de la famille lorsque George décède d'une crise cardiaque le 1er avril 1940.

Malgré son adolescence, il ne fréquente jamais aucune fille et occupe plusieurs emplois pour venir en aide à sa mère qui devient son seul centre d'intérêt. Il copie son frère afin de devenir comme lui habile de ses mains. Il effectue également du baby-sitting pour les voisins, travail très apprécié pour sa faculté d'entrer en contact plus facilement avec des enfants que des adultes. Il est socialement et émotionnellement retardé.

Son grand frère s'inquiète de l'attachement malsain que son jeune cadet développe envers leur mère. Il critique leur propre attitude et fait souvent des remarques désobligeantes. Ed devient vexé, car pour lui, sa mère Augusta est une déesse. Il ne comprend même pas que son frère n'ait pas le même point de vue.

Le 16 mai 1944, un mystérieux feu de broussailles s'approche de la ferme et se sépare dans deux directions opposées. La nuit tombe et Ed perd de vue Henry. Une fois le feu éteint, il entreprend des recherches mais sans succès et ne retrouve pas son frère. Il décide d'appeler la police qui organise une battue. Lorsqu'ils reviennent à la ferme, ils ont la surprise de voir Edward les conduire à la dépouille de son frère, étendu au sol. Aucune trace de brûlure, mais des traces à la tête. La police n'arrête pas Ed, personne ne peut penser qu'il a assassiné son frère, lui le pauvre gars timide. Le médecin du comté conclut à une asphyxie due aux fumées inhalées, les traces à la tête sans doute à des chutes répétées pour avoir tenté de fuir le feu. Ed Gein reste à partir de ce jour avec sa mère qui meurt peu de temps après, le 29 décembre 1945. C'est ainsi qu'Edward se retrouve seul à 39 ans, anéanti par le décès de la seule femme qu'il connaît. Sa vie est chamboulée dans ce monde qu'il connaît si peu.

Malgré cette solitude, Ed décide de rester seul à la ferme. Il est vrai que c'est le seul endroit qui le rattache à sa mère, en plus pour aller où ? Il ne connaît personne et ne fréquente que quelques voisins pour qui il continue ses petits boulots lui rapportant un peu d'argent venant compléter les aides de l'Etat qui lui verse une allocation afin de laisser ses terres en jachères. Il décide de condamner toutes les pièces que sa mère a le plus utilisées, notamment au premier niveau. Le rez-de-chaussée et la salle de séjour sont conservés comme les reliques d'un musée que sa sainte mère avait touchées. Pendant des années, tout reste en l'état. Il n'utilise que la cuisine et la petite chambre.

Enfermé dans sa psychose, il décide de partir à la découverte de tout ce que sa mère lui avait interdit, laissant libre cours à ses fantasmes, notamment sa grande préoccupation : « les femmes ! ». Beaucoup de temps à rattraper mais un lourd handicap, il a pour ce sujet la maturité d'un enfant. Il faudra donc qu'il apprenne seul, sans repère paternel et désormais sans aide maternelle. Les lectures qu'il choisit pour connaître l'anatomie féminine ne sont pas les plus adaptées pour cet homme souffrant d'ignorance sur les femmes. Les journaux et revues du régime nazi recouvrent le sol de sa chambre auxquelles il ajoute des récits sur les chasseurs de têtes, de rites mortuaires, des magazines pornographiques et des livres d'anatomie. La mort et le sexe deviennent son obsession.

Edward Gein lit également avec beaucoup d'intérêt la rubrique nécrologique du journal local. C'est de cette manière qu'il se tient au courant des morts récentes des femmes aux alentours. C'est de cette manière qu'un soir il décide d'aller déterrer un cadavre de femme. Il n'a pas de rapport direct avec le corps car l'odeur pour lui est insupportable, mais il se fait un malin plaisir à dépecer les parties intimes comme les seins ou le vagin, les plaçant sur lui pour imaginer leur possession. Il tanne la peau pour en faire des habits qu'il aime porter. Il s'octroie la pensée d'être une femme, pour espérer pouvoir comprendre la fascination qu'elle provoque chez les hommes et son pouvoir sexuel. Il réalise une grande collection de morceaux de corps et de têtes qu'il conserve.

Plusieurs enfants commencent à raconter que durant leurs visites dans la maison, ils découvrent des têtes humaines qu'Ed leur présente comme des têtes réduites qui viennent des chasseurs de têtes des mers du sud. Les jeunes enfants racontent leurs histoires mais peu d'adultes sont enclins à les croire.

C'est en 1947 que la police de Plainfield commence à s'intéresser à plusieurs disparitions inexpliquées, mais loin de penser à la responsabilité de Gein. Le 1er mai 1947, Georgia Weckler, une petite fille de 8 ans disparaît sur le chemin qui la mène de sa maison à l'école de Jefferson. Une gigantesque battue est organisée sans succès. En novembre 1952, ce sont deux hommes venus chasser le cerf, Victor Travis et Ray Burgess qui disparaissent. En octobre 1953, une adolescente, Evelyn Hartley qui faisait du baby-sitting.

Le 8 décembre 1954, Mary Hogan, la tenancière de la taverne de Pine Grove disparaît. Les enquêteurs pensent à un meurtre après la découverte des traces de sang qui mènent de l'intérieur au parking et d'une cartouche de fusil vide, mais la caisse enregistreuse est encore pleine de sa recette, le vol n'est pas le mobile. Elle n'est jamais retrouvée. Sa réputation liée au milieu mafieux laisse entendre qu'elle a été rattrapée par son passé. C'est sans compter sur Elmo Ueeck, l'un des voisins de Gein qui déclare quelques semaines plus tard qu'Ed semblait apprécier la jeune Mary lors de ses visites à la taverne.

Le 16 novembre 1957, Bernice Worden, une femme de 58 ans, propriétaire d'un magasin, disparaît dans les mêmes conditions avec une nuance cette fois : la caisse enregistreuse a disparu. C'est son fils, adjoint du shérif, qui déclare avoir aperçu Edward Gein parler à sa mère la veille de sa disparition, dans l'optique de lui proposer un rendez-vous galant. Devant son refus, Ed a été aperçu par un homme situé en face, occupé à faire le plein de sa voiture. Sur le comptoir du magasin, une facture au nom d'Edward Gein est présente pour de l'anti-gel. C'est Frank Worden qui décide d'alerter le shérif du comté au motif que ce dernier a dû dévaliser sa mère. Les deux hommes se rendent donc à la ferme de Gein mais sont obligés de rebrousser chemin devant son absence.

L'alerte générale pour retrouver le fermier est lancée. On retrouve sa trace dans une boutique de Plainfield où il se rendait de temps à autre pour rencontrer sa tante et son cousin. Le shérif Bob Hill Chase demande à Edward des explications sur son emploi du temps du 16 novembre, ce qu'il fait sans opposer la moindre résistance. C'est à ce moment-là que tout dérape. Soucieux de se voir répéter la déclaration de Gein, le policier constate des contradictions susceptibles de faire planer un doute entre les deux versions. Edward proteste au motif qu'il s'agit d'un coup monté pour lui faire endosser la mort de Bernice Worden. Seulement ni le policier, ni son adjoint n'ont mentionné ne serait-ce que la disparition et encore moins le meurtre de la commerçante. Edward est immédiatement arrêté.

A la lumière de ce nouveau fait, le shérif décide de retourner à la ferme d'Ed Gein. Cette fois, plusieurs adjoints l'accompagnent. L'intérieur est sombre, la bâtisse ne possède pas la lumière électrique et la nuit vient de tomber. Bien que poussiéreuse, la maison est bien rangée, sauf la cuisine et la chambre qui croulent sous un énorme stock de cartons, de vêtements sales et de boites de conserve vides, des magazines pornographiques posés sur des détritus qui jonchent le sol. L'odeur de décomposition est suffocante. Le shérif inspecte la cuisine avec sa lampe torche et trouve, pendu à la poutre de celle-ci, un corps de femme décapitée, éventrée et vidée de ses entrailles. L'autopsie démontre qu'il s'agit du corps de Bernice Worden. On décide de faire apporter un générateur et des lampes afin d'examiner chaque recoin de la maison qui risque de livrer une multitude de surprises.

Un bol présent sur la table a une allure pour le moins étrange : il s'avère après examen qu'il s'agit d'un crâne humain. Chaque objet présent semble avoir été réalisé avec différentes parties, l'abat-jour et la corbeille à papier en peau humaine ainsi que le fauteuil, tandis que le lit est décoré avec des crânes. Les adjoints découvrent également des sexes de femmes desséchés, conservés dans une boite à chaussures, une ceinture en mamelons, plusieurs nez ainsi que la tête de Bernice, comme celle de Mary Hogan. Plus les policiers avancent et plus les découvertes macabres se poursuivent jusqu'à celle d'un costume intégralement réalisé avec de la peau humaine, des jambières, un véritable sexe féminin et des seins.

Les autres pièces qu'Ed Gein a condamnées avec des planches sont, quant à elle, propres de toute découverte et inoccupées, seule la poussière prône dans les lieux. Les policiers fouillent le reste de la ferme ainsi que le terrain. Pendant ce temps, le fermier attend patiemment au pénitencier du comté de Wautoma sous la surveillance de deux policiers, Spees et Chase. Aux environs de deux heures du matin, le shérif, hors de lui, décide de l'interroger sans la présence d'un avocat. La colère est à son comble et il se laisse aller à la brutalité, ce qui a pour effet de bloquer Edward pendant près de 12 heures. Ce n'est que le lendemain, qu'il accepte d'avouer ses méfaits et explique la manière dont il s'y est pris. Le premier à faire une déclaration est Earl Kileen, le procureur, lors d'une conférence de presse le 18 novembre 1957. Il ajoute quelques détails sordides qui alimentent les rumeurs et fait augmenter le tirage, jusqu'au supposé cannibalisme pour le cœur retrouvé dans une poêle, alors qu'en fait il a été trouvé dans un sac plastique de la cuisine.

La seule défense de Gein est qu'il se trouvait dans une sorte de brouillard au moment de ses crimes, pour lui ce sont des accidents. Pour ce qui est des morceaux de corps, il avoue qu'il les a dérobés dans le cimetière, il lui suffisait pour les repérer de consulter le journal. A part Bernice, il n'a tué personne.

C'est le 19 novembre 1957 qu'Edward est conduit au laboratoire du Wisconsin pour subir le test du détecteur de mensonges. A l'issu de l'interrogatoire, il se décide enfin à admettre le meurtre de Mary Hogan. Concernant son « vêtement de peau », il reconnaît le porter régulièrement. Aucun remord, ni aucune émotion pour ce qu'il qualifie à ses yeux d'accident, étant dans un état second. En ce qui concerne les profanations, il reste calme, ne se rendant pas exactement compte de l'horreur de ses gestes. Les seules fois où Edward n'est pas à l'aise ou perd son calme est quand on envisage qu'il ait eu des rapports sexuels avec les cadavres de ses victimes Mary et Bernice. Il est inculpé des deux meurtres le 21 novembre, même s'il est envisagé de lui faire plaider non coupable pour aliénation mentale, ce que son avocat, commis d'office, plaida lors de l'audience préliminaire. Le juge décide d'envoyer l'inculpé suivre de nombreux tests à l'hôpital central de l'Etat de Waupun, à 75km au sud de Wautoma. Les psychologues et les psychiatres concluent qu'Ed Gein est intelligent mais schizophrène. La relation malsaine entretenue avec sa mère et l'éducation qu'elle lui donna a sans doute provoqué chez lui une haine des femmes. Avec le temps cette haine est devenue une psychose.

Les enquêteurs continuent de fouiller la propriété et découvrent de nombreux restes de corps d'une dizaine de femmes. Toutefois, rien ne saurait allonger la liste des deux meurtres, les nouvelles trouvailles sont attribuées à la profanation des tombes. Les journalistes s'emparent de l'affaire qui fait écho dans le monde entier. Toute la presse se retrouve dans la petite ville de Plainfield qui devient la plus connue du comté. Les journaux « le Time » et « Life » font d'Ed Gein une célébrité bien malgré lui en titrant « la maison des horreurs ». Partagés entre attirance et répugnance, les gens n'en demeurent pas moins fascinés de découvrir un monstre.

Des psychologues se penchent sur son cas et tentent de comprendre le comportement de Gein qui implique aussi bien le fétichisme que la nécrophilie. La petite ville perd peu à peu son calme et ses habitants leur tranquillité. On interroge toutes les personnes qui connaissent Gein de près comme de loin, à la recherche du nouveau détail encore plus sordide que le précédent, Edward Gein fait vendre et c'est bon pour les affaires. Toutefois les habitants sont unanimes : bien que cet homme qu'ils avaient l'habitude d'apercevoir était bizarre et un peu étrange, au grand jamais, ils auraient pu penser qu'il était un assassin et encore moins nécrophile. Après trente jours passés dans un hôpital psychiatrique, les médecins déclarent Ed Gein incompétent à suivre un procès, ses facultés mentales l'empêchent d'être jugé pour meurtre. Les habitants expriment leur mécontentement, mais ceci ne change rien à la décision prise, Edward est transféré à l'hôpital psychiatrique de Waupun.

La ferme et les affaires sont vendues aux enchères, la société qui organise la vente, devant l'affluence des curieux, demande un prix de 50 cents à tout visiteur désireux de se rendre dans l'habitation. Les habitants crient au scandale pour la transformation de la ferme en musée du morbide. La société met fin aux visites sans satisfaire pleinement les habitants désireux de retrouver un peu de sérénité. C'est sans compter sur un terrible incendie qui se déclare le 20 mars 1958 dans la matinée. Les pompiers qui arrivent sur place ne peuvent pas faire grand-chose et la ferme est réduite en cendre. Pour la police, cela ne fait aucun doute, l'incendie est criminel, mais l'enquête n'a jamais pu confondre de suspect. Certains objets sauvés des flammes ont été vendus comme l'équipement agricole rouillé ou le pick-up de marque Ford.

Dix ans passent avant que la justice ne décide qu'Ed Gein peut désormais être jugé. Son procès s'ouvre le 7 novembre 1968 pour se terminer une semaine plus tard. Le verdict déclare Gein coupable de meurtres avec préméditation, mais comme aliéné au moment des faits déclaré toutefois non coupable car mentalement irresponsable et remis entre les soins de l'hôpital central. Les familles crient au scandale de cette mascarade. C'est en 1978 que Gein est envoyé au service de gériatrie du Mendota Mental Health Institute et passe des jours heureux. Il s'entend parfaitement avec les autres pensionnaires, même si son attitude solitaire et parfois inquiétante continue de mettre mal à l'aise les infirmières. Les médecins le décrivent comme un patient exemplaire, aimant accomplir les tâches que l'on lui confie et qui participe volontiers aux séances de psychanalyse. C'est le 26 juillet 1984 qu'Edward Gein meurt à l'âge de 78 ans d'une insuffisance respiratoire. Il est enterré au cimetière de Plainfield au côté de sa mère.

En 1960, Alfred Hitchcock réalise « Psychose », un film considéré aujourd'hui encore comme un chef-d'œuvre du maître, non seulement pour la célèbre scène de la douche, mais également pour sa musique terrifiante de Bernard Herrmann. C'est en lisant le roman de Robert Bloch " Psycho" que l'idée lui est venue. Il utilise ainsi la référence de la mère possessive dans son personnage de Norman Bates interprété par Anthony Perkins, en pensant à Edward Gein. C'est le seul rapprochement avec ce fermier qui se transforme en gérant de motel qui parle souvent à sa mère décédée depuis plusieurs années et dont il a pris soin de conserver le corps dans sa chambre…

Des années après, il continuera de fasciner le cinéma qui fait appel à certains de ses aspects pour des films comme « Massacre à la tronçonneuse » ou « Le silence des agneaux » pour le personnage de Billy le kid qui se fabrique un habit féminin avec de la chair humaine…

Crimes et cinéma 06

2005 - The Hunt for the BTK Killer

C'est le 9 octobre 2005 que le réalisateur Stephen T. Kay dévoile sa version d'un des plus grands tueurs en série des Etats-Unis Dennis Rader et de ses crimes perpétrés dans la ville de Wichita.

Après plusieurs années d'enquêtes, la police parvient enfin à arrêter le tueur en série qui a terrorisé pendant plusieurs décennies une petite ville du Kansas en agissant selon le principe BTK : Blind-Torture-Kill (Ligoter-Torturer-Tuer...). Dans le rôle de BTK, on trouve un Gregg Henry métamorphosé et terriblement ressemblant avec Dennis Rader. Pour une personne découvrant cette affaire, il n'est pas du tout aisé de situer les évènements. La faute à une chronologie aléatoire peu judicieuse, le procès servant de fil rouge au film. Néanmoins, il s'agit là d'un de ses rares défauts. L'œuvre de Stephen T. Kay nous plonge au cœur de la petite vie tranquille que mène ce tueur, alors qu'au même moment, la police le traque. Un thriller captivant, grâce au scénario mais surtout à la prestation de Gregg Henry.

« BTK serial killer », de son titre original « the hunt of the btk killer », n'est pas un film de cinéma mais un téléfilm qui désamorce dès les premières images toutes idées de suspense. En effet, le film s'ouvre sur l'arrivée de Dennis Rader, le tueur, à une audience alors qu'il a déjà été arrêté. Le film ne présente pas un tueur à l'identité qui restera secrète jusqu'à son épilogue mais prend le parti d'essayer de nous brosser le portrait de ce personnage réel et hors normes. De plus, si les meurtres sont évoqués sous la forme de flash-back furtifs, l'histoire va surtout se concentrer sur la période où il se remet à envoyer simplement des lettres.

Etrange de voir sortir ce téléfilm un peu insipide en DVD mais c'est un peu le mystère de l'édition vidéo. Surtout que « BTK Serial Killer » est sorti à la même date, à un ou deux jours près, aux Etats-Unis et en Europe. Les forces de l'ordre sont incarnées par l'acteur Robert Forster qui interprète un détective suivant l'enquête depuis ses débuts dans les années 70.

*
**

Nous sommes le 9 mars 1945 à Pittsburg, une ville américaine située dans le comté de Crawford, État du Kansas, lorsque naît Dennis Rader. C'est lui l'aîné parmi les quatre fils de Dorothea Mae et William Elvin Rader. Dennis grandit à Wichita qui est la plus grande ville de l'État. Il suit toute sa scolarité dans l'école Riverview et au lycée de Wichita Heights, ce qui ne l'empêche pas, dans le même temps, de fréquenter l'église et même d'être confirmé en 1957 par l'église Luthérienne Zion.

Il étudie ensuite de 1965 à 1966 à l'université de Wesleyan, une université privée d'arts libéraux située à Middletown dans l'état du Connecticut. Elle a été fondée en 1831 par des supérieurs méthodistes et des résidents de Middletown. Les quatre années qui suivent, il les passe dans l'armée de l'air américaine aussi bien au Texas qu'en Alabama, voire encore à Okinawa, en Grèce, en Turquie. Durant cette période, il en profite pour passer un DEUG en électronique durant l'année 1973.

Le 22 mai 1971, Dennis Rader épouse Paula Dietz à qui il donne deux enfants, un fils et une fille. Il quitte l'armée pour travailler dans l'électronique, ce qui lui permet notamment d'apprendre à neutraliser n'importe quelle alarme de maison. Attiré par le scoutisme, c'est un chef très impliqué dans sa mission même si parfois il est jugé psychorigide par son entourage à cause de son arrogance. Le soin qu'il apporte à son travail le rend méticuleux mais il n'est guère apprécié de ses collègues.

C'est le 15 janvier 1974 que Dennis Rader tue pour la première fois. Agé de 29 ans, il se rend au 803 de la rue Edgemoor à Wichita où vit la famille Otéro. La police, arrivée sur place après les faits, ne peut que constater un véritable massacre. Alors que Joseph Otéro et sa femme sont retrouvés décédés et ligotés dans leur chambre à coucher, le corps de leur fils Joseph Jr, âgé seulement de 9 ans, est ligoté lui aussi à même le sol, la tête enfermée dans un sac plastique. Sa grande sœur Joséphine, âgée quant à elle de 12 ans, est trouvée pendue à un tuyau du sous-sol. Selon les analyses, aucune des victimes n'a subi de violences sexuelles, même si des traces de sperme sont retrouvées sur la scène de crime. On suppose que l'auteur s'est masturbé en les regardant agoniser, du moins c'est l'hypothèse annoncée par les enquêteurs.

Nous sommes à quelques dizaines de mètre de la maison des Otéro quand Kathryn Bright et son frère sont attaqués à leur tour le 4 avril 1974. Agée de 21 ans, Kathryn rentre avec son frère Kévin lorsqu'une fois à l'intérieur, Rader réfugié dans un placard, prêt à bondir, se précipite sur le jeune homme, un révolver à la main. Une lutte impitoyable s'ensuit mais Kévin perd le combat. Dennis l'attache à une chaise. Kévin réussit à se libérer de ses liens et revient immédiatement à la charge. Rader utilise son arme pour le blesser d'une balle à la tempe, il tombe inconscient alors que Dennis le croit mort. Il est réveillé quelques minutes plus tard par les cris de sa sœur que l'agresseur tente d'étrangler. Kévin n'écoute que son courage pour tenter de la sauver, il reçoit une seconde balle à la tête mais se sortira de ses blessures. Kathryn, quant à elle, va mourir poignardée.

Comme beaucoup de serial killers, Dennis Rader ne peut se satisfaire de ses crimes qu'à la condition d'avoir une certaine notoriété où tout au moins que le public connaisse son existence. C'est ainsi que le 22 octobre 1974, il décide d'appeler le journal local, le « Wichita Eagle ». Pas pour avouer ses crimes, non trop facile ! Il ajoute un petit jeu de piste, demandant au journaliste au bout du fil de se rendre à la bibliothèque municipale. Dans un livre se trouve une lettre où il décrit avec précision les différents crimes de la famille Otéro. Pour bien faire comprendre qu'il ne s'agit que d'un début, il déclare qu'il s'est attribué un nom de code « BTK Bind, Torture and Kill (Ligoter, torturer et tuer). Il s'est déjà désigné ses prochaines victimes et ne demande qu'à passer à l'action.

Pourtant, malgré ses déclarations, près de trois ans vont s'écouler avant le prochain meurtre. Le 17 mars 1977, il entre dans la maison d'une femme vivant avec ses trois enfants Shirley Vian. Comme pour s'assurer une certaine tranquillité, il enferme les enfants avec des jouets pendant qu'il attache et étrangle leur mère sur son lit. C'est dans cette position que la police va la retrouver. Entre temps, les enfants, bien que paniqués, réussissent à s'enfuir par une fenêtre pour donner l'alerte. Interrogés par la police, ils donnent le signalement d'un homme blanc âgé d'une trentaine d'années.

Régulièrement, Dennis Rader envoie des lettres aux journaux, toujours signées des initiales « BTK », pour parler des meurtres qu'il commet mais aussi des fantasmes qu'il ressent. Le 8 décembre 1977, il décide de s'en prendre à Nancy Fox. Cette fois, comme pour ajouter un peu de piment, il appelle lui-même la police pour signaler son meurtre. Lorsque cette dernière arrive sur place, elle trouve Nancy Fox morte, le visage sur le matelas, avec son sous-vêtement baissé à la hauteur des genoux. Une fois de plus, il n'y a pas eu viol, mais les prélèvements effectués montrent des traces de sperme sur l'un de ses vêtements. Pour les enquêteurs, « BTK » est sans doute impuissant ou ne peut éprouver du plaisir qu'après le décès de ses victimes, par la contemplation.

Le jeu qu'il a commencé avec la presse ne le satisfait pas pleinement, il en veut plus. En janvier 1978, il décide d'envoyer un courrier au « Wichita Eagle », cette fois sous forme de poème au titre évocateur « Shirley ferme à clé et tu seras mienne » mais vu le changement de style, la lettre se perd dans les locaux du journal. Que cela ne tienne, au mois de février il envoie un second message, cette fois à la télévision locale « Kate TV ». Dans un long courrier, il avoue tous ses crimes.

Anna Williams a passé la nuit chez sa fille mais lorsqu'elle rentre chez elle, le 29 avril 1979, elle constate des traces d'effraction sur sa porte d'entrée et les fils du téléphone sectionnés. Elle découvre, grâce à une lettre, qu'elle a échappé au tueur « BTK » qui, la veille au soir, l'attendait patiemment chez elle. « Oh Anna ! Pourquoi n'es-tu pas apparue ? Pourquoi n'es-tu pas devenue ma 8ème victime ? » La lettre est accompagnée d'un dessin qui reprend toutes les tortures qu'il avait l'intention de lui infliger. Il en a profité pour dérober chez elle quelques petits objets, parfois sans importance, juste pour assouvir son côté fétichiste. Mais la perversité sera à son comble quand, pour la première fois, Dennis Rader osera appeler Anna pour lui raconter les projets qu'il avait eus et qui se sont trouvés avortés du fait de son absence.

Le Bureau Fédéral (FBI) décide de reprendre l'affaire. Grâce aux performances de leur laboratoire scientifique, plusieurs photocopieuses utilisées par le meurtrier son identifiées mais la piste n'en demeure que trop vague pour déboucher sur une arrestation. Ce qui complique l'enquête est que « BTK » s'arrête non seulement de tuer mais aussi d'écrire.

En mars 2004, un journal local décide d'écrire un article retraçant la carrière de « BTK » en s'appuyant sur une autre affaire non résolue, celle du « Zodiac ». Cette fois, c'est différent ; sans doute tenté de renouer les liens avec une gloire supposée, Dennis Rader recommence sa correspondance pour le moins macabre. C'est le 19 mars 2004 qu'il envoie au journal local le « Wichita Eagle » un courrier accompagné de trois photos d'une jeune femme décédée et attachée. Afin qu'elle puisse être identifiée, il ajoute son permis de conduire, ainsi que plusieurs pièces qui remontent à une affaire que la police n'a jamais réussi à résoudre et datant du 16 septembre 1986. Vicki Wegerle, une jeune femme de 28 ans avait été retrouvée étranglée avec des traces de sperme à ses côtés. Ces éléments nouveaux permettent au FBI de rouvrir l'enquête. En examinant de plus près la lettre, les experts trouvent de nombreuses similitudes avec un poème « Oh Death ! » (Oh ! Mort) qui les mènent une fois de plus à l'université de Wichita. C'est là que dans les années 1970 le texte était étudié. On en profite pour soumettre à des tests ADN, 3 000 hommes âgés de 55 à 65 ans. Même si cette campagne de prélèvement est l'une des plus grande de l'histoire criminelle américaine, elle ne mène pourtant à aucun résultat.

Un paquet contenant une bande enregistrée est découvert le 9 juin 2004. Outre des descriptions précises des meurtres de la famille Otéro avec des dessins notamment, un projet de livre « L'histoire de BTK » est présent également avec le chapitre premier « Un tueur en série est né ». La liste des chapitres suivants laisse présager que le tueur n'en a pas fini. Au mois de juillet suivant, c'est un second paquet qui est trouvé dans la boite servant au retour des livres de la bibliothèque municipale. Cette fois, on trouve une revendication pour le meurtre de Jake Allen âgée de 19 ans qui a eu lieu au début du mois. On porte peu de considération à cette information car la jeune fille, en fait, s'était suicidée.

C'est en octobre 2004 qu'on découvre dans une boite UPS de Wichita une enveloppe en papier kraft contenant une série de cartes et des images parfois insoutenables sur le massacre des enfants. Une lettre qui propose d'intenter à la vie de l'enquêteur de la police, le lieutenant Ken Landwehr, accompagne une autobiographie avec de nombreux détails sur la vie de Rader. Une piste de plus qui achève de convaincre la police sur le profil de leur tueur : il est avide de publicités et se croit doué d'une intelligence supérieure qui lui confère l'illusion de pouvoir échapper aux forces de l'ordre. C'est sans doute grâce à ce défaut que le lieutenant entend bien le confondre.

Effectivement, c'est bien ce péché d'orgueil qui va perdre « BTK ». Par voie de presse, la police lui demande d'envoyer son autobiographie sur une disquette pour vérifier la véracité de ses propos. Une fois réceptionnée, la police scientifique procède à son analyse. Elle découvre que l'ordinateur utilisé appartient à l'église Luthérienne de Park City. L'étau se resserre lorsqu'on apprend que seules 25 personnes peuvent y avoir accès. On décide de procéder à de nouveaux tests ADN.

Le 26 février 2005, Dennis Rader est identifié grâce à ses empreintes génétiques, il est arrêté. On arrive à identifier d'autres crimes comme celui de Marine Hedge, âgée de 54 ans en 1985, et celui de Dolorès Davis, âgée de 62 ans en 1991. Dennis Rader est un chef scout activement impliqué au sein de l'église Luthérienne. Il vit dans la communauté avec sa femme et ses deux grands enfants depuis une trentaine d'années. Entre 1974 et 1989, il a travaillé chez ADT Sécurity Services, ses collègues ne l'appréciaient guère, le trouvant arrogant et vulgaire. C'est durant cette période qu'il a appris comment s'introduire chez les gens. En 1989, il a même travaillé pour le bureau national du recensement, Il est préposé à la vérification des adresses de toutes les personnes interrogées. Il est ainsi bien placé pour connaître leurs habitudes et emploi du temps.

Quelques années plus tard, il devient officier de police municipale chargé d'appliquer les lois et règlements. Selon son voisin d'en face, monsieur Reno qui le connaît depuis plus de 16 ans, Dennis était frustré de ne pas avoir pu être policier. Il se plaisait à importuner les habitants qui le considèrent comme un « vulgaire ramasseur de chiens ». Il se souvient notamment qu'il a mesuré la pelouse d'une habitation pour vérifier si la hauteur était conforme aux textes en vigueur.

Son procès a lieu le 27 juin 2005 et Dennis Rader décide de plaider coupable. Sans surprise, en août de la même année, le jury le déclare coupable. Il est condamné 10 fois à la prison à perpétuité avec une peine de sûreté égale à 175 ans pendant lesquelles aucune libération conditionnelle ne sera possible. Inutile de préciser que dans ces conditions, il sait d'ores et déjà qu'il mourra en prison. La seule raison pour laquelle il échappe à la peine capitale est que ses crimes sont antérieurs à 1994 et que la peine de mort n'a été restaurée dans l'Etat du Kansas qu'à cette date. Selon plusieurs rapports, y compris ses propres confessions, il a torturé des animaux lorsqu'il était petit. Dennis Rader était un fétichiste des sous-vêtements de femme. Il se photographiait en train de se pendre dans une grange, habillé de vêtements de femme afin de susciter des érections en auto-asphyxie. A l'issue de son procès, il demande la parole pour faire une déclaration : « Je tiens à féliciter les policiers qui ont accompli un excellent travail, le procureur qui a mené des débats exemplaires, et je remercie mes avocats qui, malgré que l'on soit passé par des hauts et des bas, ont toujours fait correctement leur métier […] Je tiens aussi à saluer la presse qui a été très bien. Je voudrais également m'excuser auprès des familles des victimes, mais qu'elles sachent que je n'ai été que l'arme du démon. »

Le téléfilm « The Hunt for the BTK Killer » sort en 2005, il reste la version la plus fidèle de l'histoire de Dennis Rader, alors qu'en 2008 une nouvelle version cette fois cinématographique sort sur les écrans « BTK » réalisé par Michael Feifer. Cette dernière développe plus le côté pervers du personnage et moins le déroulement de l'enquête. De sa prison, Dennis Rader avoue qu'il avait choisi, avant son arrestation, une onzième victime qui devait être son « opus magnum ». BTK avait prévu de la mutiler en la pendant à l'envers par les pieds pour la brûler à partir du sol…

2006 – Vol 93

Vol 93 retrace l'histoire vraie du vol United Airlines numéro 93, et celle des hommes et des femmes qui se trouvaient dans le Boeing 757 qui devait les emmener à San-Francisco en temps réel, et avec l'entière coopération des familles des quarante victimes. Des gens ordinaires réunis par le hasard, hommes d'affaires, étudiants, épouses, parents, grands-parents, membres d'équipage…

Le réalisateur Paul Greengrass dont le film sort le 12 juillet 2006, nous entraîne au coeur du quatrième avion détourné le 11 septembre 2001, et dont les passagers ont réussi à se rebeller, l'empêchant de s'écraser sur la maison blanche. C'est d'ailleurs le réalisateur qui en parle le mieux : « Il existe plusieurs façons de parler des attentats du 11 septembre 2001. La télévision en a montré les images, les journalistes en ont donné une première lecture que les historiens ont approfondie et replacée en contexte. Les cinéastes ont également un rôle à jouer. Les films n'ont pas seulement vocation à faire rire ou à nous transporter dans des ailleurs merveilleux. Il ne faut pas négliger notre monde et sa réalité. En portant son regard sur un événement particulier, un cinéaste peut y voir quelque chose qui dépasse le cadre de cet événement et touche à l'essence de la société. Vol 93 a été réalisé dans cet esprit ».

Pour raconter le plus fidèlement possible l'histoire du vol 93, l'équipe du film s'est appuyée sur les enregistrements des données du vol, des documents d'archives nationales, et sur plus d'une centaine de témoignages de proches des victimes, de membres de la commission d'enquête sur le 11 septembre, de contrôleurs aériens et de militaires ou civils qui sont intervenus ce jour-là.

Paul Greengrass signe un très bon film dramatique en adaptant sur grand écran l'un des événements les plus terribles du 11 septembre 2001. On est vraiment plongé au cœur de l'horreur comme si on y était. Le réalisme rend le film encore plus tendu et angoissant…

*
**

Tout commence le 11 septembre 2001 à Boston capitale de l'État du Massachusetts, au nord-est des Etats-Unis. Le vol 11 se rend à Los Angeles située dans le sud de l'État de Californie, sur la côte pacifique. Le Boeing 767 de la compagnie d'Américan Airlines décolle à 7h59 avec à son bord 81 passagers et 11 membres d'équipage. Parmi les passagers sont présents les saoudiens Waleed al-Shehri, Wail al-Shehri, Satam al-Suqami, Abdulaziz al-Omari et l'Egyptien Mohammed Atta, qui tôt le matin traversent les Etats Unis dans un avion au départ de Portland au Texas. C'est aux environs de 8h14 que les autorités constatent la perte de signal de cet avion. Pendant ce temps à New-York, l'une des plus grandes villes d'Amérique située sur la côte atlantique et plus précisément dans le quartier de Manhattan, se déroule une conférence sur les technologies et les risques hydrauliques dans le plus grand gratte-ciel la première tour du World Trade Center. Ces tours représentent le symbole économique de la réussite des Etats-Unis. Pas moins de 50 000 personnes travaillent dans ces bureaux achevés en 1973 après quatre années de construction. Passage obligé pour les 200 000 touristes quotidiens qui viennent photographier les bâtiments qui prônent la puissance depuis une trentaine d'années.

Un autre vol, le 75, au départ de Boston vers Los Angeles décolle avec à son bord 65 personnes dont les passagers vers 08h35. Mais voilà, peu de temps après que le contrôleur aérien s'était assuré que tout allait bien, l'avion est détourné vers New-York par les saoudiens Marwan al-Shehhi, Mohand al-Shehri, Fayez Banihammad, Ahmed al-Ghamdi et Hamza al-Ghamdi qui prennent en otages les passagers à l'aide de longs cutters. Peu de temps après le Boeing 767 rejoint le vol 11 qui se dirige également vers le World Trade Center. L'alerte est donnée grâce à un appel de deux membres du personnel qui préviennent les équipes d'American Airlines. Mohammed Atta a pris le contrôle de l'appareil.

Le vol 77, toujours de la même compagnie décolle quant à lui de Washington pour se rendre en Californie. A bord du boeing 757, 53 passagers dont un groupe d'écoliers et la journaliste Barbara Olson sont pris en otages à 8h46 par les saoudiens Hani Hanjour, Nawaf al-Hazmi, Salem al-Hazmi, Khalid al-Mihdhar, Majed Moqed et décident de couper toutes communications. La première erreur vient de Mohamed Atta, qui dans le premier vol, contacte les contrôleurs au sol pensant contacter la cabine. Son message ne laisse aucune ambigüité sur leurs intentions : « Nous avons plusieurs avions. Restez calmes et vous serez sains et saufs ». Atta est un fils d'avocat, diplômé de l'université de Hambourg. C'est sa croyance lors de son recrutement à la mosquée par Al-Qaïda qui a développé chez lui une haine profonde du monde occidental, en particulier des Américains, et qui renforce celle de l'Israël. Le contrôleur aérien contacte immédiatement l'US Air Force qui fait décoller deux F15 de la base d'Otis dans le Massachusetts. Pendant ce temps, le Boeing 747 de United Airlines décolle de Newark, à une vingtaine de kilomètres à l'ouest de New York pour rejoindre San Francisco. Le vol 93 est longtemps immobilisé sur le tarmac à cause d'une saturation du trafic aérien. Le premier détournement a déjà eu lieu depuis une demi-heure. Une trentaine de passagers sont à bord avec cette fois quatre terroristes : le Libanais Ziad Jarrah et les Saoudiens Saeed al-Ghamdi, Ahmad al-Haznawi et Ahmed al-Nami.

Il est 08h46, lorsque le vol 11 d'Américain Airlines percute de plein fouet la tour nord du World Trade Center, la violence du choc à la vitesse de 750 km/h entre les étages 93 et 99 ne fait aucun survivant dans l'appareil en plus de nombreuses victimes présentes dans la tour. On mesure l'impact aux alentours de 1 sur l'échelle de Richter utilisée pour les tremblements de terre. Les autorités évacuent les personnes des autres étages. Les pompiers, les forces de police sont mis à rude épreuve. Quelques images sont conservées de l'impact par le plus pur des hasards. En effet, deux français Jules et Gédéon Naudet, réalisent alors un documentaire sur les pompiers new-yorkais. Leurs images sont diffusées le lendemain. Dans une école du cycle primaire au cœur de Sarasota basée en Floride, le président des Etats-Unis Georges W Bush est en visite. C'est avec un air abasourdi qu'il accueille la nouvelle de l'attentat du directeur de cabinet. Pendant ce temps les principaux organes de presse se rendent sur place, afin de filmer la tour en flamme et les victimes en proie aux fumées toxiques qui s'en dégagent. Les chaines de télévision interrompent leur programme et diffusent en boucle les premières images, tandis que les pompiers et policiers s'affairent et se déploient sur le terrain pour essayer de sauver ce qui peut l'être. Dans un premier temps, la consigne est donnée de ne pas évacuer le second bâtiment qui paraît sur et pourtant !

Il est 09h03 lorsque le vol 175 percute la tour sud du World Trade Center entre le 77 et le 85ème étage. Les passagers meurent sur le coup, la panique est à son comble. L'Amérique est stupéfaite de découvrir les images en direct du second attentat. Le monde entier reçoit les images et France 2 les diffuse en direct à 15h33 (heure locale). Après la première intervention des secouristes sur place, vers 09h15, 2 500 hommes et femmes sont déployés sur place pour assurer les secours. La panique est générale, des occupants situés dans d'autres étages quittent les tours dans le chaos le plus total. Les escaliers de secours sont impraticables sauf un seul dans la tour n°2 qui reste en fonction mais qui est fortement endommagé. Les autres occupants, piégés par les flammes et les débris, se jettent dans le vide. Les images sont diffusées en boucle et les premières hypothèses des rédactions étrangères laissent peu de place à la possibilité d'un accident. Lorsque les informations américaines indiquent qu'il s'agit d'un attentat, personne n'est surpris. Mais qui et pourquoi ?

Si un doute est encore possible, il se dissipe très vite. A 09h37, c'est le Boeing 757 du vol 77 qui se lance à 850 kms/h sur l'aile ouest du Pentagone. Le symbole est fort, les terroristes veulent s'attaquer à la puissance militaire. Les 59 passagers et 125 membres du personnel meurent sur place. Sous l'effet du crash un incendie se déclare et brûle grièvement près d'une centaine de personnes. La machine américaine se met en marche. A 09h42 tous les vols sont annulés sur l'ensemble du territoire et les vols encore dans le ciel, sont priés d'atterrir dès que possible. La maison blanche et le capitole sont évacués, le vice-président mis à l'abri dans un bunker. La sécurité du Président est immédiatement renforcée, la garde nationale est mise en alerte maximum, une ligne sécurisée par satellite est établie dans la minute qui suit entre le Président et l'Etat major des armées.

Durant ce temps, à 10h03, le vol 93 du Boeing 757 s'écrase au sud-est de Pittsburgh dans le comté de Somerset, en Pennsylvanie. Les 37 passagers et les 6 membres d'équipage se sont retournés contre leur preneurs d'otages les Libanais Ziad Jarrah et Ahmed al-Namiet et les Saoudiens Saeed al-Ghamdi et Ahmed al-Haznawi. Le vol qui se dirige vers la capitale de Washington ne fait aucun survivant. Les passagers ont pris connaissance du sort des autres avions et c'est tous ensemble qu'ils décident de mourir en contrariant les plans des pirates. Ils essaient de reprendre le contrôle de l'appareil, s'en prennent aux terroristes et périssent dans le crash. L'effondrement des tours quant à elles est inévitable avec des températures proches de 760°C.

C'est Oussama Ben Laden qui est désigné comme le principal instigateur des attentats. Déjà recherché depuis 1999 et figurant sur une liste des dix criminels les plus recherchés par le FBI, il déclare dans plusieurs messages sa responsabilité et l'honneur de son combat au nom d'Al Qu'Aïda : « Nous avons calculé à l'avance le nombre d'ennemis qui seraient tués, d'après la structure de la tour. Nous avons estimé que trois ou quatre étages seulement seraient touchés. J'étais le plus optimiste de tous [...]. En raison de mon expérience dans le domaine, je pensais que l'incendie du carburant de l'avion ferait fondre la structure en fer du bâtiment, et que cela provoquerait uniquement l'effondrement des étages percutés par l'avion et de ceux situés au-dessus. C'est tout ce que nous espérions ». Khalid Cheikh Mohammed étant le principal organisateur. Il est arrêté au Pakistan en 2003, jugé en 2007. Les Etats-Unis demandent au gouvernement de l'Emirat islamique d'Afghanistan de lui livrer Ben Landen, afin d'y être jugé. Devant leur refus, George W.Bush n'a pas d'autres choix que de déclencher une intervention internationale de grande ampleur contre l'Afghanistan dès octobre 2001. Le pays part en croisade contre le terrorisme et plus particulièrement contre Al Quaïda. Cette bataille, il entend bien la gagner et met tout en œuvre pour qu'elle puisse aboutir. La nation est derrière son chef et convaincue que de tels agissements doivent cesser avec la participation des nations unies. En 2002, une commission d'enquête est créée pour déterminer les responsabilités de chacun et surtout pour éviter que ceux-ci ne puissent se reproduire. Le gouvernement fédéral et plusieurs pays du monde renforcent leur législation antiterroriste Au total les attentats ont fait 2973 victimes et 2992 si on ajoute les 19 terroristes kamikazes présents dans les appareils. En mars 2003, c'est au tour de l'Irak d'être désigné comme un soutien au terrorisme international par l'administration américaine. D'autre part des preuves sont apportées comme quoi Saddam Hussein détient une force de destruction massive.

Quelques mois plus tard, le régime des Talibans est renversé notamment par la coalition des forces armées américaines, britanniques, françaises et canadiennes. Ce renversement provoque la mise en place d'un gouvernement dit de transition qui s'accompagne de l'arrestation de nombreux musulmans soupçonnés d'être des terroristes, internés dans des camps disséminés autour de la planète, ce qui provoque la création de la prison de Guantanamo. Une guerre éclair a lieu également contre l'Irak et produit également le renversement du régime de Saddam Hussein. Il est remplacé par un gouvernement provisoire et démocratique.

Certes la preuve concernant la présence d'armes chimiques en Irak est légère et s'avère par la suite non fondée, mais les pays du monde entier s'accordent à penser que l'action de Georges W Bush doit être saluée. Elle a permis de mettre en lumière des agissements terroristes condamnables qui s'abritent derrière une religion détournée de son message originel encourageant ainsi le racisme et la xénophobie.

Zacarias Moussaoui, un Français, est le seul à être jugé aux Etats-Unis pour les attentats meurtriers. C'est le 30 mai 1968 que nait Zacarias à Saint-Jean-de-Luz, au sud-ouest de la France dans les Pyrénées-Atlantiques. Abandonné par sa mère aux bons soins de l'assistance publique, il est confié tantôt aux orphelinats, tantôt aux familles d'accueil avec son frère et ses sœurs. Sa mère divorce en 1974 pour fuir un époux trop expressif de ses mains, rentre dans la fonction publique et récupère ses enfants pour s'installer à Narbonne. Leur père ne donnera plus aucune nouvelle.

Zacarias connaît des troubles psychiatriques et se brouille avec sa mère et l'une de ses sœurs. Toutefois, il réussit un parcours scolaire honorable qui se traduit par l'obtention d'un baccalauréat professionnel de maintenance des systèmes mécaniques automatisés et un BTS Technico-commercial. Il réussit par la suite un DEUG d'administration économique et sociale à l'université de Montpellier et un master en gestion de la South

Bank University de Londres. Les études sont pour lui certainement une manière de se consoler de la perte de ses repères et de ses racines. Il a besoin d'un idéal pour continuer d'avancer et se tourne vers la religion musulmane. C'est à la mosquée de Montpellier qu'il décide de se consacrer à sa foi.

En 1992 Moussaoui se tourne définitivement vers la religion islamique et coupe tout contact avec sa famille pour aller s'installer à Londres. Il subit l'influence du réseau et des recruteurs du djhad dont les plus connus sont Abou Qatada et Abou Hamza, qui essaient de le convaincre de se rendre en Afghanistan. C'est ainsi qu'il effectue son premier voyage en 1995. Plusieurs voyages suivent dont certains au Proche Orient avant de retourner dans les camps d'Al-Qaida en 1999. Là, il rencontre Cheikh Mohamed. Zacarias est titulaire d'un passeport français, très apprécié par les terroristes qui l'envoie aux Etats-Unis et plus particulièrement à Oklahoma City, région où il va suivre des cours de pilotage jusqu'en mai 2001. Les instructeurs qui dispensent les cours sont méfiants. En effet, Moussaoui n'est pas intéressé par le pilotage au sens complet du terme, il répète à qui veut l'entendre que son seul souhait est de faire voler un avion. Les procédures d'atterrissage ne l'intéressent pas. D'autre part, le fait de payer en espèces tous ses cours dont la somme s'élève tout de même à plus de six mille dollars éveille les soupçons. Le 16 août 2001, alors qu'il effectue des vols sur un simulateur de Boeing 747, il est interpellé en possession de faux papiers et arrêté puis emprisonné pour infraction à la loi sur l'immigration.

C'est pour cette raison, que le 11 décembre 2001, soit trois mois après les attentats, il est accusé d'avoir activement participé par son silence aux attentats terroristes. Certes en prison au moment des faits, il est mis en accusation pour pas moins de six chefs d'inculpation de conspiration d'actes terroristes. Parmi ces accusations la plupart sont passibles de la peine de mort ou la prison à vie. Alors que le 2 janvier 2002, il refuse de plaider devant le tribunal fédéral de Virginie, le 13 juin 2002 il est autorisé à assurer seul sa défense. C'est durant cette audience qu'il avoue être membre du réseau d'Al-Qaïda. Le 18 juillet, il plaide coupable, avant de changer de mode de défense le 25 juillet suivant et plaider non coupable. En fait, plusieurs responsables de l'organisation terroriste décident de mettre Zacarias en réserve. Ils le jugent trop excentrique et prévoient pour lui d'autres missions notamment en Europe.

C'est le 22 avril 2005, que Zacarias décide de changer à nouveau sa position. Il plaide coupable pour tous les chefs d'inculpation mais nie son intention de participer aux attentats du World Trade Center du 11 septembre 2001. Sa cible personnelle : « la Maison Blanche ». Mais voilà, le fait de plaider coupable le rend une fois de plus complice de la mort de près de 3 000 personnes.

Le 6 février 2006, débute le procès de Zacarias Moussaoui qui, dès la première journée est expulsé pas moins de quatre fois. Il conteste les faits devant la cour d'Alexandria présidée par la juge Léonie Brinkema. Le 27 mars, lors de son témoignage, cette dernière précise au prévenu que son projet d'attaque de la Maison Blanche ne tient pas et qu'il a une fois de plus menti. Sa seule réponse est de dire : « Nous sommes autorisés à mentir pour le jihad. Nous utilisons des techniques pour vaincre notre ennemi ». Les procureurs et la partie requérante poussent le procès vers la peine capitale à la vue des victimes qui sur les vidéos des deux tours, se jettent dans le vide. La défense décide de faire auditionner plusieurs experts pour essayer de démontrer la mauvaise santé mentale de leur client. Le verdict est prononcé le 3 mai 2006, c'est la prison à vie contre l'accusé, sans possibilité de libération anticipée. Une voix seulement le sauve de la peine capitale où l'unanimité est requise. A l'issue du procès le prévenu déclare : « Que Dieu sauve Oussama ben Laden. Vous ne l'attraperez jamais ! et que Dieu maudisse l'Amérique ».

C'est dans le Colorado à la prison de Florence aux quartiers de haute sécurité, que Zacarias purge sa peine sous le matricule 51427-054. Peu de chance pour qu'il soit libéré un jour, sauf si un événement exceptionnel intervient, ce qui est peu probable. Il est enfermé 23 heures sur 24 et n'a aucun contact avec les autres détenus. Sa seule sortie journalière se fait seul dans une pièce où il peut pratiquer un peu de musculation. Son autre occupation est une télé de 13 pouces de diagonale qui diffuse uniquement des programmes éducatifs. Toutes visites extérieures sont interdites y comprise sa famille que de toute façon, il ne souhaite plus voir.

En Allemagne, le marocain Mounir al-Motassadeq arrêté le 28 novembre 2001, est condamné une première fois à quinze ans de prison en 2003 pour complicité dans ces attaques. Remis en liberté en février 2006 après que sa condamnation a été cassée, il voit sa première peine confirmée par le tribunal de Hambourg le 8 janvier 2007.

En Espagne, le Syrien Imad Eddin Barakat Yarkas, chef de la cellule locale d'Al-Qaïda est arrêté le 13 novembre 2001, inculpé de conspiration en vue des attentats de septembre 2001. Il est condamné le 26 septembre 2005 à vingt-sept ans de prison.

Khalid Cheikh Mohammed et Ramzi ben Al-Shaiba, soupçonnés d'être les organisateurs des attentats, sont en détention à Guantanamo depuis septembre 2006. Ils revendiquent l'organisation logistique des attentats dans un entretien accordé en mai 2002 et diffusé à la télévision qatarie Al-Jazira les 5 et 8 septembre 2002. En mars 2007, ils passent devant une commission militaire chargée de déterminer leur statut. Leur procès devant un tribunal militaire américain installé dans la base navale américaine de Guantánamo avec trois autres coaccusés s'ouvre le 5 juin 2008. Khaled Cheikh Mohammed, Ali Abd al-Aziz Ali et Wallid ben Attash ont plaidé coupable le 8 décembre 2008.

Les attaques ont un impact économique important sur les États-Unis et les marchés mondiaux. Les marchés financiers n'ont pas ouvert le matin du 11 septembre 2001 et sont restés fermés jusqu'au 17. Lors de la réouverture des marchés boursiers, le Dow Jones a chuté de 7,1%. Les marchés ont clôturé la semaine du 17 au 21 septembre avec de fortes chutes. Plus de 40 000 employés se sont retrouvés au chômage et des milliers d'entreprises ont disparu ou subi des pertes considérables à la suite de la destruction de ce centre d'affaires, l'un des plus actifs de la planète. De nombreuses compagnies ont quitté Downtown pour s'installer à Brooklyn, Midtown, ou dans le Connecticut.

Les compagnies aériennes mondiales, surtout celles des États-Unis, déjà en difficulté depuis quelques années, ont largement souffert de la chute de fréquentation de leurs lignes et des travaux de sécurité entrepris à la suite des détournements. Le président George W. Bush signe des mesures législatives votées dans la foulée des attentats du 11 septembre qui apportent un surcroît de pouvoir à l'exécutif américain, aux services secrets (dont la CIA) et la police fédérale (Federal Bureau of Investigation), ainsi qu'aux militaires (budget du Pentagone notamment).

La guerre d'Afghanistan fait rage, les Etats-Unis ne veulent en aucun cas lâcher prise. Blessés dans l'âme, c'est une question d'honneur que d'obtenir réparation ou tout au moins la condamnation du principal responsable des nombreuses victimes. Certes, les services de sécurité ont failli dans leurs tâches respectives, mais qui aurait pensé à l'impensable ? Difficile dans ce cas précis de désigner le ou les responsables. La bataille contre le terrorisme est lancée. Une prime de 25 millions de dollars est offerte à toutes personnes qui peut fournir des renseignements sur le terroriste recherché, on ajoute en 2002, la somme de deux millions en ajoutant la mention « mort ou vif ». Des périodes de silence et de recherches se succèdent pour le retrouver. C'est le 19 janvier 2006 que la chaîne Al-Jezira diffuse un nouvel enregistrement audio où Oussama ben Laden annonce la préparation de nouvelles opérations terroristes. Il s'offre le luxe de proposer une trêve en échange du retrait des troupes d'Afghanistan. La Maison Blanche refuse. Les spéculations sur la bonne santé du terroriste apparaissent, certains n'hésitent pas à parler de son décès et d'un enregistrement antidaté.

Dans la nuit du 2 mai 2011, Oussama Ben Laden est localisé dans la ville d'Abbottabad au Pakistan. Il séjourne dans une luxueuse villa construite durant l'année 2005 et fortifiée pour l'occasion. La résidence est surveillée depuis août 2010 par les services secrets et les services de renseignements américains. Entre temps c'est le nouveau président des Etats-Unis, Barack Obama, qui donne l'ordre aux soldats de la navy Seal, de donner l'assaut. Le président donne carte blanche aux troupes d'intervention, soit le capturer vivant si possible, sinon mort au cas où l'opération s'avère dangereuse. Il est 1h30 du matin lorsque le terroriste tombe sous les balles des soldats avec quelques collaborateurs et membres de sa famille qui refusent de se rendre. La dépouille du terroriste est emmenée en pleine mer avant d'être immergée. La seule allocution de Barack Obama sera de dire « Justice est faite » tout en saluant la coopération des autorités locales.

Dans les rues de New-York et dans l'ensemble du pays des manifestations de joie et de grandes fêtes sont organisées pour célébrer la mort du monstre, en hommage aux victimes. L'ancien président George W Bush sort de son silence pour féliciter son successeur parlant d'une grande victoire pour les Etats-Unis. Certes, quelques voix s'élèvent pour s'interroger de l'absence de la dépouille ou de procès, mais le simple rappel du nombre de victimes des attentats suffit à faire taire les critiques.

L'Amérique doit se relever de ces attentats et c'est ce qu'elle fait, sans oublier toutefois son horreur. Au nom de la liberté et de son combat contre le terrorisme un mémorial est édifié aux lieux et place des deux tours. La zone située en Pennsylvanie où le vol 93 s'est crashé par suite de la résistance des passagers aux terroristes a vu la construction d'un édifice baptisé le « Flight 93 National Memorial ». Le congrès vote une résolution le 14 novembre 2001 pour que le 11 septembre soit déclaré journée du « Patriot Day » (journée patriotique), chaque année le peuple américain est amené à observer une minute de silence à la mémoire des victimes des attentats.

Une question demeure toujours sur les lèvres de chaque pays victimes du terrorisme : Combien de personnes doivent payer de leur vie, pour que la paix entre les différents peuples et les différentes religions soit possible ?...

2006 - Karla

C'est en 2006 que le réalisateur américain Joël Bender décide de sortir son film « Karla » qui sortira en France, directement en DVD le 6 octobre 2009 sous le nom de « Perverse Karla ». Avec dans les rôles principaux Laura Prepon (Karla Homolka) et Misha Collins (Paul Bernardo).

Surnommés Ken et Barbie parce qu'ils étaient jeunes et beaux, Paul Bernardo et Karla Homolka multiplient viols et meurtres dans le Canada des années 1990. Une odyssée criminelle désormais au centre d'un film dur, qui nous fait plonger dans l'univers angoissant et sordide de Karla basé sur des faits réels.

La réalisation met plus en avant le côté psychologique des protagonistes et ne tombe pas dans le trash visuel ce qui est plutôt une bonne idée, les scènes de violence n'en sont pas pour autant moins difficiles. Il est bon de savoir que le scénario se base sur le récit de la femme de ce couple de tueurs (Karla Homolka), l'objectivité n'est donc pas forcément au rendez-vous ! Toutefois s'il avait été basé sur les déclarations du principal auteur (Paul Bernardo), il n'est pas certains que la plupart des scènes auraient été différentes.

Paul Bernardo et Karla Homolka figurent parmi les tueurs en série les plus monstrueux et sordides non seulement parce qu'ils allaient loin avec leurs pauvres victimes mais aussi et surtout par cette relation malsaine qui les liait, poussant l'une à aider l'autre selon les sources. Ici on nous sert une version aseptisée, centrée sur la psychologie de la complice mais avec le parti pris, douteux, d'en faire une victime autant que les autres jeunes femmes. « Barbie », de son surnom, s'est défendu face aux tribunaux en répétant qu'elle était effectivement victime de son époux, manipulateur, toutefois les cassettes vidéo tournés par ce dernier et l'extrême monstruosité des crimes mettent en doute cette version. Le doute existe, et il me semble qu'il aurait été plus judicieux de rendre compte de ce doute là quant à la culpabilité de Karla plutôt que de prendre parti.

*

**

Paul Bernardo nait le 27 août 1964 à Toronto, la plus grande ville du Canada et la capitale provinciale de l'Ontario. C'est à l'âge de 16 ans qu'il apprend de la bouche de sa mère qu'il est un enfant illégitime. Cette révélation développe chez lui une haine des femmes, encouragée aussi par celui qu'il croit être son père et qu'il convient d'appeler maintenant son beau-père.

Il reproche également à sa mère de préférer sa sœur. Les disputes sont de plus en plus violentes. Lorsqu'il traite sa mère de « putain », cette dernière lui répond par le sobriquet de « bâtard ». Bref, une famille formidable, riche en vocabulaire. Pour couronner le tout, il apprend également que son beau-père viole sa sœur depuis des années. Sa haine des femmes devient de plus en plus féroce au point de ramener celles-ci à des objets. Il décide de se lier d'amitié avec une bande de voyous qui aime coucher avec des filles faciles. Occupé le jour uniquement avec des petits boulots, il aime draguer les filles le soir, uniquement pour coucher avec. C'est lors de sa première année d'université qu'il développe ses fantasmes sexuels. Le plaisir d'une relation ne peut être optimum que par le viol et la violence. L'humiliation en public de ses conquêtes décuple son plaisir, mais sa réputation fait rapidement le tour du campus et plus aucune jeune fille ne désire sortir avec lui. Il se lance dans différents trafics de cigarettes, alcool et autres afin de se procurer toujours le dernier vêtement à la mode. En 1987, Paul obtint son diplôme et trouve un emploi de comptable dans une grande société. Là aussi, les femmes le fuient dès que sa réputation est faite. En mai de la même année, il commet son premier viol dans son quartier natal de Scarborough, sur une femme de 21 ans qu'il sodomise et brutalise.

Karla Homolka nait le 4 mai 1970 à Port Crédit, à proximité de Toronto. Elle a également deux sœurs Tammy et Lori. Superbe fille blonde aux yeux bleus, douée pour l'école, elle fait partie d'une chorale et adore les animaux. Elle invite souvent des amis à la maison pour écouter de la musique et ne se fâche que très rarement. C'est à la fin du lycée que sa personnalité change et que son travail scolaire commence à baisser fortement. Elle sort avec une bande d'amis et boit parfois. Ses parents ne s'inquiètent pas dans un premier temps, mettant cette attitude sur la crise de l'adolescence.

A l'âge de 17 ans, après avoir connu sa première expérience sexuelle avec un jeune homme reparti chez lui dans le Kansas, elle travaille dans une clinique vétérinaire et semble bien sous tous rapport. En octobre 1987, elle se rend à une convention avec une amie et fait la connaissance de Paul Bernardo dans un café alors qu'il se trouve avec un ami. Les deux jeunes filles invitent les garçons dans leur chambre pour regarder la télévision et Karla décide, à la grande surprise de son amie, d'avoir des relations sexuelles avec Paul. Elle tombe immédiatement amoureuse. Bernardo exerce une grande influence sur Karla et arrive à lui faire accepter tous ses fantasmes sexuels notamment envers les adolescentes. Il réalise ainsi son rêve de « posséder » une femme prête à tout pour assouvir ses pulsions.

Karla encourage le caractère sadique de Paul qui lui avoue pratiquer des viols sur des jeunes filles dans le quartier de Scarborough. Elle lui répond que c'est « cool ! ». En 1988, il a déjà commis au moins 13 viols de jeunes femmes. La police tourne en rond bien que les enquêteurs prélèvent des échantillons de sperme et d'autres preuves physiques sur les victimes. Ils possèdent également un très bon portrait-robot, établi grâce aux témoignages de certaines victimes. Toutefois, ils ne le diffusent que dans les autres départements de police du Canada et ne le dévoilent pas à la population locale !

En fait, il n'est diffusé dans les médias qu'en mai 1990 et les policiers sont immédiatement submergés d'appels. Karla sait très bien que Paul est le « violeur de Scarbourough » et, au lieu de le dénoncer, elle l'encourage. L'une des victimes explique aux policiers qu'elle a vu une femme avec le violeur et qu'elle a un caméscope. Mais les enquêteurs mettent ce témoignage de côté, considérant qu'il est le résultat d'une hystérie provoquée par le viol...

En 1990, ils se fiancent. Karla est folle de joie. Pour elle, Paul Bernardo est beau, sophistiqué, intelligent, et... il a de l'argent. Paul, aux yeux de Karla, est un être unique et parfait. Même sa « sauvagerie » au lit lui plait, car elle est clairement masochiste. Paul Bernardo, lui, est très contrarié par le fait que Karla n'est plus vierge. Il demande alors à Karla, comme si c'est tout naturel, de se débrouiller pour qu'il puisse prendre la virginité de sa jeune sœur, Tammy, sans qu'elle le sache... ou n'y consente. Il lui demande tout simplement de la laisser violer sa sœur. Au début, Karla refuse mais Paul insiste tellement qu'elle finit par se convaincre qu'elle est responsable de son mécontentement et qu'elle doit réparer son erreur. La volonté de Paul de filmer le viol lui semble tout aussi logique.

Elle ramène chez elle une bouteille d'Halothane, un sédatif deux fois plus fort que le chloroforme et quatre fois plus efficace que l'éther, qui peut être dangereux pour le foie et les muscles. Elle emprunte quelques comprimés de Halcion, un puissant somnifère qui ne doit pas être mélangé avec de l'alcool. Paul réduit les cachets en poudre et les verse dans le verre de Tammy, alors que toute la famille Homolka regarde un film à la télé, dans la nuit du 23 décembre 1990. Peu après que ses parents sont montés dans leur chambre pour dormir, laissant Tammy, Karla et Paul dans la chambre d'ami du sous-sol pour qu'ils regardent un autre film, Tammy sombre dans l'inconscience. C'est le moment, Paul ne perd pas de temps : il ordonne à Karla de prendre l'halothane et de commencer à filmer avec le caméscope. Paul et Karla couchent l'adolescente inconsciente sur le sol et Karla presse un tissu imbibé d'halothane contre sa bouche et son nez. Paul la déshabille, puis la viole. Il ordonne ensuite à Karla de caresser sa sœur, lui indiquant exactement ce qu'elle doit faire.

Pendant tout ce temps, le caméscope filme tout. Paul tourne Tammy sur le ventre pour la sodomiser. C'est là qu'il remarque qu'elle ne respire plus et qu'elle a vomi. Paul et Karla rhabillent Tammy, puis appellent une ambulance, mais il est déjà trop tard. Elle meurt avant même de parvenir à l'hôpital. Karla et Paul ne sont aucunement suspectés de la mort de Tammy. Sa mort est imputée à un étouffement : elle a inspiré du vomi dans ses poumons, et a suffoqué.

Karla, bien que très peinée durant les funérailles, se préoccupe rapidement des effets que la mort de Tammy peut avoir sur ses projets de mariage. Ses parents pensent qu'il n'est pas approprié de célébrer le grand mariage festif prévu. Cela rend Karla presque malade. Elle n'est déjà pas très heureuse que Paul ne soit plus le bienvenu en tant qu'hôte dans la maison de ses parents. Ce n'est pas qu'on le soupçonne de quoi que ce soit, au contraire, mais le reste de la famille ne se sent pas à l'aise quand il est là alors qu'ils portent le deuil. Lorsqu'on lui demande gentiment de rentrer chez lui, Karla part avec lui. Dans leur nouvelle maison, à

Port Dalhousie, ils érigent un autel consacré à Tammy et Paul présente souvent des photos d'elle aux invités, leur racontant combien tout le monde l'a aimée... Peu de temps après le mort de Tammy, Paul et Karla passent une soirée dans la chambre de la défunte. Karla porte des vêtements appartenant à sa sœur et couche avec Paul.

Bernardo abandonne son emploi. Ses seuls revenus lui proviennent à présent du trafic de cigarettes entre le Canada et les Etats-Unis. Il les transporte dans sa voiture. Il est toujours ennuyé par la mort de Tammy et le reproche souvent à Karla. Dans l'espoir de se faire pardonner, elle veut trouver une autre fille pour remplacer sa sœur. Elle connaît une adolescente de 15 ans, Jane, qui ressemble beaucoup à Tammy. Jane idolâtre Karla et accepte avec plaisir son invitation chez elle, en l'absence de Paul. Elle lui fait boire des verres d'alcool remplis d'Halcion. Lorsque Jane sombre dans l'inconscience, elle appelle Paul Bernardo qui arrive rapidement. Il est ravi de voir qu'elle est vierge et à quel point elle ressemble à Tammy. Ils déshabillent l'adolescente et Paul filme Karla qui la caresse et la lèche. Puis, il la viole et la sodomise. Satisfait, il ordonne à Karla de nettoyer le sang, de laver Jane et de la mettre au lit. Le lendemain, Jane a la nausée et des douleurs mais ne comprend pas ce qui s'est passé. Le couple la laisse rentrer chez elle.

Leslie Mahaffy n'a que 14 ans quand elle tombe entre les griffes de Paul Bernardo, au milieu de la nuit du 15 juin 1991. Elle veut rester dehors, à s'amuser toute la nuit avec ses amis, et néglige ses devoirs, séchant les cours. La nuit où elle disparaît, elle est sortie avec des amis et lorsqu'elle rentre chez ses parents, à 2 heures du matin, elle trouve la porte fermée. Elle marche autour de la maison pour trouver un point d'entrée. Leslie, rebelle et naïve, suit Paul dans sa voiture. Ce dernier, sous la menace d'une arme, l'enlève et l'emmène chez lui.

Il déshabille sa proie, allume le caméscope et la viole. Les cris réveillent Karla qui se joint à lui. Il la dirige pour que les plans soient le mieux filmés. Il confie ensuite la caméra à Karla pendant qu'il décide de sodomiser l'adolescente. Une fois terminé, ils ne laissent pas partir leur prisonnière ; il étouffe Leslie, la démembre avec une scie électrique et place les morceaux dans des boites remplies de ciment frais.

Le 29 juin 1991, Paul et Karla se marient dans une église située près du lac Niagara, non loin des chutes. C'est une robe mousseline qui habille la mariée, tandis que Paul est vêtu de blanc. La sortie de l'église se fait en calèche tirée par des chevaux blancs. Rien n'a été laissé au hasard, faisan farci, champagne et musique. Un peu plus tard dans la soirée, William Grekul et son épouse font du canoë sur le lac Gibson. Leur embarcation cogne un bloc de béton. Ils sont terrifiés lorsque des morceaux de chair et d'os remontent à la surface. La police réussit à sortir quatre blocs au total du lac. D'après les enquêteurs, le meurtrier connaît mal la région et ne sait pas qu'à cet endroit l'eau est peu profonde, contrairement au niveau du pont situé un peu plus loin. Grâce à la dentition, Leslie Mahaffy est identifiée.

De retour de leur lune de miel passée à Hawaï, Paul et Karla rentrent chez eux et reprennent le cours de leur vie. Paul est souvent de mauvaise humeur et Karla est obligée de demander à Jane de venir. Malheureusement pour Paul, la jeune fille est loin d'être l'esclave sexuelle idéale. D'abord persuadée de sa virginité, elle refuse que Paul couche avec elle. La fellation reste la seule pratique sexuelle que Jane accepte de lui faire. Une nuit, les choses manquent de déraper à nouveau avec l'Halothane et Jane arrête de respirer quelques minutes. Les deux protagonistes décident de ne plus inviter Jane chez eux. Ils se renferment et reçoivent peu. Paul traite tantôt Karla comme une reine, tantôt comme une esclave ; il est possessif mais Karla également.

Le 16 avril 1992, Kristen French, une jeune fille de 15 ans, est enlevée sur le parking d'une église devant sept témoins. C'est Karla qui, prétextant s'être perdue, demande son chemin à l'adolescente pour l'attirer dans la voiture. Tandis qu'elle montre sur la carte le chemin, Bernardo surgit avec un couteau et la force à entrer dans le véhicule. Ils ramènent la jeune fille chez eux et la torturent durant trois jours. Kristen collabore en espérant ainsi avoir la vie sauve mais au fur et à mesure qu'elle cède, son agresseur devient de plus en plus exigeant. Il la viole à plusieurs reprises, urine sur son corps, l'insulte et la force à manger ses propres cheveux coupés par Karla. Pour éviter les griffures et traces de peau sous les ongles il les lui coupe à ras. A la télévision, ils la forcent à regarder son père qui supplie les ravisseurs de lui rendre sa fille. Elle est obligée de visionner la vidéo dans laquelle Bernardo découpe en morceaux Leslie Mahaffy. Il continue de s'amuser avec elle. Puis lorsque Paul est lassé de sa proie, il décide de l'étrangler avec un câble électrique. Il viole le cadavre de l'adolescence et s'assure que le caméscope a bien filmé toute la scène. Il abandonne le corps de Kristen French sur la route de Burlington, non loin du cimetière où est enterrée Leslie Mahaffy.

Le corps nu de Kristen est retrouvé le 30 avril 1992 dans un dépôt d'ordures. Une force spéciale de police est créée et l'aide du FBI (Bureau Fédéral des Investigations) est sollicitée. Entre temps, les 230 tests d'ADN sur le violeur de Scarborough sont terminés avec 5 tests correspondant à celui du violeur. Mais voilà la police travaille beaucoup sur les meurtres et le violeur ne fait plus parti des priorités, la comparaison des tests supplémentaires sont placés en bas de la pile. L'ADN de Paul fait partie des cinq.

Une dame contacte la police pour signaler qu'elle a été témoin d'une lutte entre un homme et une jeune femme brune dans une voiture de type Chevrolet Camaro identique à la voiture signalée par les témoins lors de l'enlèvement de Kristen. La police se penche sur les propriétaires de ce type de véhicule. Les enquêteurs, devant le signalement donné à plusieurs reprises de Paul Bernardo, décident de l'interroger. Ce dernier, très poli, les reçoit à son domicile. Il leur confie qu'à l'époque, il a été soupçonné à cause de sa ressemblance physique avec le violeur de Scarborough. Les enquêteurs notent la pleine collaboration de Bernardo. Sa voiture, une Nissan couleur or n'a rien d'une Camaro.

Le corps de Terri Anderson est retrouvé dans le lac Ontario le 23 mai 1992, à Port Dalhousie. C'est une excellente élève qui n'a aucun problème, bonne entente envers ses camarades et élève très populaire. Ses parents sont surpris lorsqu'on trouve dans ses analyses du LSD (un psychotrope hallucinogène) et de la bière. Les causes de la mort sont difficiles à établir car le corps a séjourné depuis six mois dans l'eau. Paul Bernardo et Karla Homolka passent entre les mailles du filet et semblent avoir une chance insolente. Mais leur vie ne va pas bien pour autant. Paul bat régulièrement Karla.

Une terrible dispute éclate le 6 janvier 1993 dans le couple et Paul frappe violemment Karla à l'aide d'une lampe torche. Gravement blessée, elle nécessite des soins en urgence. Lorsque ses parents la voient dans cet état, ils lui conjurent de quitter son mari et de porter plainte. Elle décide de s'installer chez son oncle et sa tante que Paul ne connaît pas. Le lendemain, il est arrêté et inculpé de coups et blessures. Une fois interrogé et relâché, il change toutes les serrures dans un accès de colère.

C'est en février 1993 que le laboratoire d'analyses criminelles a terminé ses comparaisons de sang. Paul Bernardo est désigné comme le possible violeur de Scarborough. Placé sous surveillance, les enquêteurs décident également de questionner Karla. Ils décident de prendre des empreintes digitales et d'en savoir un peu plus sur la montre Mickey que Karla porte à son poignet et qui est semblable à celle de Kristen French lors de son enlèvement. Malgré l'interrogatoire de cinq heures, Karla ne lâche rien. En revanche, elle décide d'avouer tout à son oncle, que Bernardo est bien le violeur recherché, qu'il est également l'auteur de deux meurtres sur des adolescentes. Son oncle lui conseille de prendre un avocat, ce qu'elle fait aussitôt.

Georges Walker accepte de défendre Karla mais les entrevues montrent au fur et à mesure qu'elle est loin d'être la parfaite innocente. Il tente alors de passer un marché pour protéger sa cliente. Sa demande d'immunité totale en échange de sa collaboration est un échec. Paul Bernardo est arrêté le 17 février 1993 et inculpé de 43 charges de viols et agressions sexuelles. Ce n'est pas faute pourtant à l'époque des faits d'avoir tenté de changer de nom pour le patronyme de Paul Teale. Le 19 février la maison est entièrement fouillée et la police saisit une quantité impressionnante de preuves. Des écrits sur ses viols, des vidéos et des livres sur ses déviances sexuelles, la pornographie et les tueurs en série. Ils trouvent également une courte vidéo montrant Karla en train de coucher avec deux prostituées sous les encouragements de Bernardo.

L'avocat de Karla et Murray Segal qui appartiennent au bureau du procureur passent un accord qu'ils rendent public. Karla est condamnée à 12 ans de prison pour les deux adolescentes Leslie Mahaffy et Kristen French. Elle peut être libérée au quart de sa peine, si elle se comporte bien. En échange, elle s'engage à raconter toute la vérité sur les crimes et sa participation. En mars 1993, elle est admise dans un hôpital psychiatrique pour être évaluée. Une forte dose de calmant est administrée. Elle trouve la force d'écrire une lettre à ses parents pour expliquer la responsabilité de Bernado dans la mort de sa sœur Tammy. Elle leur présente le portrait d'une femme soumise sous l'emprise de Paul aussi bien physiquement qu'émotionnellement. C'est cette attitude qu'elle garde jusqu'à la fin, usant de cette image pour parfaire sa défense.

Le procès commence le 28 juin 1993. Karla, devant la cour, apparaît vêtue comme une adolescente naïve avec un maquillage criard et non comme une femme de 23 ans. Tandis que le procureur lit durant 25 minutes la liste des agressions, viols et tortures, elle n'a aucune réaction. C'est quand les mères des deux victimes témoignent à la barre en évoquant leur fille respective, que Karla écrase une larme. Le 6 juillet 1993, conformément à l'accord passé, elle est condamnée à 12 ans de prison pour les crimes de Leslie Mahaffy et Kristen French dont elle plaide coupable. Beaucoup de personnes considèrent que la sentence est légère. En août elle entame une procédure de divorce.

Le procès de Paul Bernardo commence le 18 mai 1995. Les cassettes vidéo sont présentées comme des preuves importantes. Il est accusé, outre les deux meurtres avec préméditation, de viols aggravés, d'enlèvements, détentions de force et d'avoir accompli des indignités sur le corps humain.

Le procureur diffuse quelques extraits des vidéos pour le moins compromettantes. Karla Homolta qui se masturbe en promettant à son mari de lui apporter des jeunes vierges de 13 ans pour qu'il puisse les violer. Le dialogue reprend les fantasmes de Bernardo dans le but de l'amener à l'orgasme. Elle joue le rôle de l'esclave sexuelle tandis que lui celui du roi. D'autres vidéos avec Leslie et Kristen diffusées ne font aucun doute sur les motivations d'un abominable pervers sexuel. Karla est appelée à la barre afin de clarifier sa participation qu'elle décrit comme une suite de dégradations qui s'empire de jours en jours. Il lui a même fait porter un collier de chien et l'a quasiment étranglée pour satisfaire ses fantasmes sadiques. L'avocat de Bernardo attaque la crédibilité de Karla Homolka mais cela ne sauve pas son client.

Le 1er septembre 1995, Paul Bernardo est reconnu coupable de tous les crimes et condamné à la prison à vie. A cette période, il peut encore faire appel et être condamné à 25 ans de prison, mais les procès ne sont pas finis. Le 3 novembre, il est de nouveau reconnu coupable de plusieurs viols de Scarborough et déclaré comme « agresseur dangereux » ce qui signifie l'emprisonnement de Paul indéfiniment… Il est incarcéré au pénitencier de Kingston, isolé des autres détenus, pour sa sécurité et filmé 24 heures sur 24 par une caméra de surveillance. Après une bataille juridique très longue menée par les familles Mahaffy et French, les cassettes sont détruites en décembre 2001.

Karla Homolka, quant à elle, est incarcérée à la prison québécoise de Joliette qui fait figure de « club med » par rapport aux autres établissements. Seule contrainte, les détenues doivent travailler et pointer si elles désirent être nourries. En 1997, elle renonce à une demande de libération sur parole, craignant pour sa vie en cas de libération. Elle décide de suivre des cours de psychologie et continue à soigner son apparence en faisant de l'exercice. Les autorités commencent petit à petit à penser qu'une erreur a été commise en ne la condamnant qu'à une si courte peine. En avril 2001, elle refuse de suivre un traitement psychiatrique pour agresseurs sexuels et se trouve transférée dans une prison de haute sécurité à Sainte-Anne-des-Plaines. Elle laisse tomber les études et regarde la télévision des journées entières avant d'être à nouveau transférée lorsqu'on apprend qu'elle a réussi à avoir des relations sexuelles avec un détenu masculin.

C'est le 17 janvier 2003 que le bureau national des libérations sur paroles ordonne que Karla Homolka reste en prison conformément à l'accord passé pour la durée des 12 ans. Elle retourne à la prison de Joliette la même année mais dans une aile de sécurité maximum. C'est ainsi qu'elle n'est libérée qu'en juillet 2005. Deux ans plus tard, le public n'a plus aucune nouvelle de Karla qui semble avoir disparu. C'est une journaliste, Paula Todd, très intéressée par la rédaction de son histoire, qui la retrouve en mai 2012 en Guadeloupe, une région française de l'outre-mer située dans les Caraïbes. Elle a épousé le frère de son avocat, Thierry Bordelais, à qui elle a donné trois enfants. Elle a également choisi le prénom de Leanne. Paul Bernardo quant à lui continue de purger sa peine à perpétuité au pénitencier de Kingston…

Crimes et cinéma 06

2007 - Zodiac

Le célèbre réalisateur David Fincher à qui l'on doit des films comme « the game », « l'étrange histoire de Benjamin Button » ou l'excellent « Seven » décide de s'attaquer à l'une des plus grandes histoires criminelles qui a frappée l'Amérique des années 1960. Son film « Zodiac » inspiré d'un tueur du même nom sort sur les écrans français le 17 mai 2007.

Zodiac, l'insaisissable tueur en série qui sévit à la fin des années 1960 et répandit la terreur dans la région de San Francisco, fut le Jack l'Eventreur de l'Amérique. Prodigue en messages cryptés, il semait les indices comme autant de cailloux blancs, et prenait un malin plaisir à narguer la presse et la police. Il s'attribua une trentaine d'assassinats, mais fit bien d'autres dégâts collatéraux parmi ceux qui le traquèrent en vain.

David Fincher s'entoure d'acteurs talentueux qui vont plonger le spectateur dans un film remarquable comme Jake Gyllenhaal, Mark Ruffalo, Anthony Edwards et Robert Downey Jr. David Fincher revient à un genre qu'il a lui-même refaçonné avec Seven, le thriller. Son but : aborder l'enquête sur ce serial-killer comme un morceau d'histoire à disséquer. Et il le fait avec une précision clinique. Et avec une sobriété des plus impressionnantes. Pour ainsi dire, la seule scène stylisée, nous rappelant qui est derrière la caméra, c'est l'introduction. La suite rend limpide la règle que s'est fixé le réalisateur : montrer les faits et uniquement les faits. Toutes les dates ayant émaillé l'investigation sur plus d'une décennie sont disséminées le long des 2h38 de projection.

Autant on pouvait reprocher à David Fincher dans certains moments de se laisser aller dans certains effets quelques peu lourds, autant là difficile de reprocher quoi que ce soit à la forme du film, qui est d'une sobriété parfois glaçante, avec une image parfois délavée qui renforce bien l'impression de banalité de l'enquête, celle que l'on résout dans les bureaux, sans se poser trop de questions.

*
**

Cette histoire débute le 20 décembre 1968 entre la ville de Benicia du comté de Solano, en Californie et la ville de Vallejo. Un couple d'amoureux, à l'intérieur de leur voiture stationnée, profite d'un moment de tendresse. A cette époque, la tradition prise sur les années 50 de flirter près des cinémas de plein air perdure pour s'accorder des balades intimes, le climat de la Californie s'y prête volontiers et ce quelle que soit la saison.

Il est 21h00 lorsqu'une voiture de couleur claire s'approche du couple d'amoureux. Sans doute une Chevrolet Impala que des témoins affirment avoir aperçue quelques temps auparavant rôdant le long de la route. Les deux occupants, peu rassurés par le conducteur qui vient d'arriver, décident de quitter les lieux suivis brièvement par ce dernier. Une heure se passe avant que David Faraday et Betty Lou Jensen, deux adolescents de 17 et 16 ans se garent au même endroit.

C'est à 23h25 qu'une voiture s'arrête derrière eux, son occupant descend du véhicule et se dirige vers les deux jeunes gens. Une fois à leur hauteur, il fait feu à plusieurs reprises. Les deux adolescents tentent de descendre du véhicule pour essayer de s'enfuir. Quelques pas plus tard, David s'écroule, atteint d'une balle en pleine tête tandis que Betty s'écroule à son tour, touchée par un projectile. Le tueur la rejoint pour l'achever de quatre balles dans le dos. Le meurtrier remonte en voiture, croisé par un témoin qui déclare avoir aperçu une Chevrolet de couleur claire, mais sans pour cela identifier son conducteur.

Le soir du 4 juillet 1969, fête pour l'indépendance des Etats-Unis, sur le parking du Gold de Blue Rock Spring, non loin de Vallejo, se trouvent dans une voiture Darlène Ferrin, âgée de 22 ans et Mike Mageau âgé de 19 ans. A l'abri des regards dans la voiture de Darlène, le couple discute tendrement lorsque, vers minuit, une Ford ou Chevrolet beige entre sur le même parking pour venir stationner à l'arrière de la voiture des jeunes gens. Le conducteur laisse les phares allumés et se dirige vers ses occupants, une lampe torche à la main. Mike pense à un contrôle de routine d'un policier et ne se méfie pas jusqu'à ce que cet homme sorte un pistolet de calibre 9mm et fasse feu sur le couple. L'auteur s'enfuit rapidement avec sa voiture alors que des riverains, alertés par les coups de feu, arrivent sur les lieux. Les secours sont prévenus rapidement mais pas assez pour pouvoir sauver Darlene. Seul Mike réussit à survivre par miracle, il donne le signalement d'un jeune homme blanc mesurant 1m75 et d'environ 90 kilos avec un visage large et des cheveux de couleur bruns.

Pendant ce temps à 00h40, un individu depuis une cabine téléphonique appelle la police de Vallejo. « Je veux signaler un double meurtre. Si vous allez à 1km et demi à l'est de Columbus Parkway vers le parc public, vous trouverez des gosses dans une voiture marron. Ils ont été abattus avec un Luger

9mm. J'ai aussi tué les gosses l'année dernière. Au revoir… »

Trois rédactions des journaux du San Francisco Examiner, San Francisco Chronicles et Vallejo Times-Herald reçoivent le 31 juillet 1969 une lettre de revendication pour les meurtres de Vallejo. Le courrier accompagné d'un cryptogramme, précise que si cette lettre n'est pas publiée en première page le 1er août suivant, d'autres crimes seront commis. En guise de signature : un cercle barré d'une croix qui fait penser à une cible et un simple mot : « Zodiac ». On envoie le cryptogramme à plusieurs personnes susceptibles de pouvoir le déchiffrer. C'est le professeur Donald Harden et sa femme Bettye du lycée de Sallinas qui trouvent la solution en moins d'une semaine. Ils communiquent le résultat de leurs recherches à la police et leur décryptage sera confirmé par un service militaire de cryptographie.

« J'aime tuer des gens parce que c'est tellement plus amusant que de chasser dans la foret parce que l'homme est l'animal le plus dangereux de tous tuer quelque chose me donne l'expérience la plus excitante c'est encore meilleur que de se faire une fille la meilleure partie est que lorsque je mourrai je renaîtrai au paradis et tous ceux que j'ai tué deviendront mes esclaves je ne vous donnerai pas mon nom parce que vous essayerez de me ralentir ou de m'empêcher de collecter des esclaves pour ma vie après la mort ». Toutes les recherches d'empreintes pour tenter d'identifier le tueur à partir des lettres ou des enveloppes s'avèrent infructueuses.

Nous sommes le 27 septembre 1969 sur la rive du lac Berryessa qui se situe à peine à 90 kilomètres de San Francisco. Trois jeunes femmes remarquent q'un homme d'environ 1,80 mètre et 90 kilos ne cesse de les observer à bord de sa Chevrolet bleue portant une immatriculation californienne. Cet homme aux cheveux bruns les observe encore une vingtaine de minutes avant de disparaître. Deux heures se passent avant que deux étudiants Cecelia Shepard et Bryan Hartnell s'installent à leur tour sur la rive du lac. Un homme répondant à la précédente description s'approche d'eux avec des lunettes, il semblait âgé d'une trentaine d'années. Il place une cagoule sur sa tête et s'approche du couple armé d'un couteau et d'un pistolet de gros calibre. Au bas de la cagoule, on remarque une broderie qui ressemble étrangement au signe du Zodiac publié dans la presse.

L'homme réclame les clés de la voiture appartenant au couple ainsi que leur argent liquide tout en leur parlant calmement. Soudain l'agresseur s'empare d'une corde pour ligoter ses victimes et poignarde Shepard et Hartnell. Cecelia est frappée à dix reprises tandis que Bryan reçoit six coups de couteau, tous les deux dans le dos. Le Zodiac se rend ensuite près du véhicule pour graver sur la portière son symbole auquel il ajoute les dates de ses crimes précédents afin de s'assurer d'être identifié. Un pêcheur prévient les secours. Bryan survit à ses blessures malheureusement Cecelia y succombe le lendemain.

Le tueur, tout comme la première fois appelle la police depuis une cabine téléphonique et déclare : « Je veux signaler un meurtre… Non un double meurtre. Ils sont à trois kilomètres au nord de Park Headquarters, ils étaient dans une Volkswagen blanche, je suis celui qui les a tués ». Arrivée sur les lieux du crime, la police découvre des empreintes de pas correspondant à la taille 44. Aucune autre piste, sinon les gravures sur la portière de voiture qui permettent d'identifier sans aucun doute son auteur, c'est bien le Zodiac. Il se fait un malin plaisir à s'assurer de sa notoriété mais demeure très prudent pour ne pas donner trop d'indications aux enquêteurs.

Le 11 octobre 1969, en début de soirée, Paul Stine, un chauffeur de taxi, prend en charge un client à la hauteur d'Union Square situé à San Francisco, pour se rendre dans le quartier de Presidio Heights au carrefour de Washington Street et Maple Street. Arrivé à destination à 21h55, le chauffeur de taxi s'arrête tandis que son passager lui tire une balle dans la tête. Avec un morceau de la chemise arrachée à sa victime, il recueille un peu de son sang avant de s'enfuir.

Trois adolescents qui se trouvaient un peu loin de la scène de crime appellent la police pour donner le signalement du tueur. Mais voilà, à cause d'une mauvaise compréhension du policier au bout du fil, les recherches s'orientent vers un homme de couleur noire. Une patrouille croise un homme blanc assez costaud d'environ 1,75 mètre, différent de l'homme recherché ; ils ne font aucun contrôle. Lorsque ces derniers ont une correction du véritable signalement, ils essaient bien de revenir en arrière mais sans succès. Un homme aux cheveux bruns coiffé en brosse avec des lunettes.

On pratique à l'autopsie de Stine. La balle est retirée et permet d'établir qu'il s'agit de la même arme déjà utilisée pour le meurtre de Darlène Ferrin. On relève à l'intérieur du véhicule trente empreintes de doigts avec trois empreintes de la paume qui sont présentes également à l'extérieur sur la carrosserie. On essaie bien de les identifier grâce à la banque de données du Bureau Fédéral des Investigations (FBI), mais sans succès. Deux jours après le journal « le Chronicle » reçoit une lettre signée du Zodiac qui revendique la mort du chauffeur de taxi avec à l'appui le morceau de la chemise. Mais le meurtrier ne se contente pas de cette seule revendication. « Les enfants des écoles font de belles cibles, je pense que je vais éliminer un bus d'écoliers un de ces matins. Tirer dans un pneu avant et choisir les gamins qui sortiraient… »

La menace est prise au sérieux et le 18 octobre 1969, un portrait-robot est diffusé, celui établi à partir du témoignage des trois adolescents. Pendant ce temps et en l'absence de nouveaux éléments, les enquêteurs décident de s'intéresser aux attaques supposées que le Zodiac aurait pu commettre avant.

Le 30 octobre 1966, dans une ville située à une centaine de kilomètres de Los Angeles Riverside, une jeune fille âgée de 18 ans est attaquée sur le parking du campus. Cheri Jo Bates tente de faire démarrer sa voiture, une Wolkswagen. Un homme s'approche et lui propose de la raccompagner. Arrivés dans une ruelle, l'homme sort un couteau et poignarde la jeune fille onze fois. Sur les lieux du meurtre on retrouve des éléments qui ne mènent nulle part, une montre brisée arrêtée à 00h23 portant la marque Timex et des empreintes de pas correspondant à une pointure 44. L'auteur envoie une lettre tapée sur une machine de marque Royal à la police locale et au journal « Riverside Entreprise » pour revendiquer son crime. Six mois après une seconde lettre de revendication est envoyée à la police et cette fois au père de la victime, signée d'un « Z ». Les enveloppes présentent un détail qu'on retrouvera dans les autres revendications, elles possèdent plus de timbres que nécessaire à son affranchissement.

A partir de novembre 1969, soit un mois après la dernière victime, Paul Stine, une nouvelle lettre est envoyée au « Chronicle », accompagnée d'un nouveau morceau de chemise appartenant à la victime. Son auteur revendique plusieurs crimes alors qu'aucune preuve ne permet de les rattacher de manière indiscutable. Il envoie également les plans d'une bombe qu'il menace d'utiliser contre des bus.

Du mois d'avril au mois de juillet 1970, d'autres lettres sont envoyées, tantôt de revendications sur des crimes commis par le Zodiac, sans pouvoir les lui attribuer de manière formelle, tantôt des menaces. Les envois commencent à s'espacer d'octobre 1970 à mars 1971, puis plus d'envoi jusqu'en 1974. Nouvelle série sur un semestre, puis à nouveau plus rien. Les différentes enquêtes sur les meurtres ne permettent pas de mettre un nom sur son auteur. Le 24 avril 1978, le « Chronicle » reçoit une dernière lettre du Zodiac où il revendique 37 victimes mais il est difficile de vérifier ses dires. De nombreux suspects ont été accusés d'être le Zodiac avant d'être disculpés un à un.

Arthur Leigh Allen est un habitant de Vallejo connu de la justice pour des agressions sur enfants. Il était amateur d'arme. D'une taille similaire à celle du Zodiac, son poids était plus important. Identifié formellement par Mike Mageau, il n'a jamais été inculpé. Il décède d'une crise cardiaque en 1992 et en 2002 une comparaison des traces ADN se montre incompatible.

Richard Marshall a également été suspecté, son apparence ressemblant au Zodiac, décrit comme un homme agressif et hostile avec les femmes. Il se trouve toujours à proximité des lieux des meurtres et à San Francisco pour le crime de Paul Stine. En sa qualité de cinéphile, il était amateur du film « Le fantôme rouge » sorti en 1974 et dont le Zodiac fait allusion dans certaines lettres. De plus, Richard est en possession d'une machine à écrire de marque Royal. Pourtant Marshall était âgé en 1969 de 41 ans, ce qui ne correspond pas à la description faite. La comparaison de ses empreintes est aussi négative. Il décède en 2008.

De nombreux suspects vont se succéder, tous pour des raisons différentes. Laurence Kane accusé de voyeurisme trop âgé également mais ayant quitté San Francisco au moment où les crimes se sont arrêtés. Richard Gaikowski pour sa ressemblance avec le portrait-robot vivait non loin de Darlene Ferrin et Paul Stine. Il a également été brièvement interné pour des troubles mentaux dans les années 1970. Aucune preuve formelle qui permette une inculpation et pas de comparaison d'empreintes : Gaikowski a toujours refusé. De nombreux autres suspects ont fait leur apparition, la plupart du temps dénoncés par leur propre famille après leur mort mais ces affaires ont été classées sans suite.

L'enquête n'est jamais résolue bien que certains renseignements soient avancés sur la personnalité du Zodiac. On pense avec raison qu'il devait avoir un travail très prenant en semaine puisqu'il ne tuait que le week-end. Il connaît très bien la région et ne possède aucun accent, sans doute donc un pur californien. On avance une hypothèse : un célibataire dans l'incapacité de constituer un couple, c'est pour cette raison qu'il s'en prend à eux. La première attaque rapide lui a donné un sentiment de puissance qu'il a développé ensuite à la lecture de la presse. Tout comme le jeu qu'il organise avec les autorités, du chat et de la souris, lui donne un sentiment de satisfaction. Les lettres remplacent petit à petit les meurtres. Personnalité narcissique, cherchant l'intérêt des autres mais incapable d'empathie, le Zodiaque fut certainement un psychopathe, asocial, manipulateur. On estime toutefois qu'il n'était pas schizophrène, ni sujet à des hallucinations visuelles ou auditives.

Pour expliquer la disparition du Zodiac, on pense que l'homme pourrait être victime d'une double personnalité. Petit à petit, la bonne personne a pris le dessus sur le meurtrier si on se réfère aux lettres envoyées, très différentes à partir de 1974 qu'en 1968 lorsque l'affaire a commencé. En l'absence de crimes les années suivantes, seul le sur timbrage et l'écriture permettaient de l'identifier. Les enquêteurs de la police de San Francisco et Vallejo continuent de croire en la culpabilité d'Allen. En 2004 celle de San Francisco arrête son enquête sur Zodiac mais reste en cours dans d'autres comtés ou Arthur Leigh Allen reste le suspect.

Les meurtres du Zodiac inspirent le cinéma. Parmi les plus célèbres films, « l'inspecteur Harry » de Don Siegel sorti en 1971 avec Clint Eastwood dans le rôle de l'inspecteur Harry Callahan qui affronte un assassin « le Scorpion », en référence au signe du Zodiac qui communique par cryptogrammes. Pour l'anecdote, Don Siegel a été victime de la grippe durant le tournage, c'est donc Clint Eastwood qui le remplace brièvement pendant l'une des scènes où Callahan empêche un homme de se suicider. La deuxième référence au Zodiac fut le détournement d'un bus scolaire promis par le vrai tueur mais jamais exécuté et que cette fois Don Siegel transpose au cinéma.

A ce jour, le mystère reste entier…

Crimes et cinéma 06

2013 – Crime d'Etat

France 3 propose de découvrir le téléfilm de Pierre Aknine le 29 janvier 2013 sur la célèbre énigme de la mort de Robert Boulin.

En 1979, sous la présidence de Valéry Giscard d'Estaing, Robert Boulin est nommé ministre du Travail et de la Participation. Afin de réduire l'influence de Jacques Chirac, celui-ci est prédestiné à devenir Premier Ministre. Pourtant, des lettres anonymes à destination des médias l'accusent d'avoir acquis de manière illégale un bien immobilier dans le Var. Robert Boulin ne cessera de se défendre des faits qui lui seront reprochés jusqu'au 30 octobre 1979, lorsque son corps retrouvé dans la forêt Rambouillet. Alors, que les enquêteurs et la justice concluent au suicide, son entourage propage des rumeurs d'assassinat.

L'histoire est bien documentée et présentée avec originalité, l'interprétation de François Berléand reste tout simplement remarquable dans le rôle de Robert Boulin. « Crime d'Etat » retrace les derniers jours d'une personnalité politique Française, ancien ministre, de nature plutôt loyale, officiellement suicidé, mais vraisemblablement assassiné. Pierre Aknine va droit au but dans ce film, en accusant directement des personnalités politiques de l'époque, complices selon lui de cet assassinat dissimulé. Ce film a le mérite de mettre en avant l'existence de « l'État mafieux » de l'époque, prêt à tout pour survivre et dont les ramifications très entendues empêchent aujourd'hui encore un réexamen complet de l'affaire.

Le manichéisme de ce film plombe donc sa crédibilité, même si on peut comprendre que la famille de la victime veuille accréditer sa version. Sur le plan de la réalisation, Aknine est excellent, mais le film est vraiment statique et la voix off de la victime est insupportable. Un détail amusé : Charles Pasqua parle sans accent. « Crime d'Etat » reste un téléfilm plus qu'honorable dont le DVD est sorti le 11 mars 2015.

*
**

C'est le 20 juillet 1920 que Robert Boulin voit le jour dans la commune de Villandraut, située dans le département de la Gironde. Dans sa jeunesse il désirait être médecin - il sera finalement avocat, car les études coutent moins cher - d'abord à Bordeaux puis à Libourne, toujours dans le département de la Gironde.

Le jeune avocat rencontre la fille d'un viticulteur du Sauternes dont il tombe immédiatement amoureux, Colette Lalande, une jeune femme charmante. Les deux jeunes gens se marient en avril 1947. Colette assiste son époux dans la gestion de son cabinet, recevant les clients et tapant à la machine avec un amour et une complicité de chaque jour. Ils sont heureux et, comme une évidence, ont deux enfants, Bertrand d'abord, puis Fabienne. C'est en 1958 que Robert Boulin gaulliste convaincu et conseiller des républicains sociaux commence sa carrière politique comme député, élu dans la 9ème circonscription de la Gironde sous les couleurs de l'Union pour la Nouvelle République (UNR). Quelques temps plus tard, il est également élu comme maire de Libourne peuplée de 22 000 habitants.

En 1961, le président de la République, le général De Gaulle, en visite officielle à Libourne propose à Robert Boulin, le poste de secrétaire d'Etat aux rapatriés d'Algérie. C'est ainsi que le jeune maire s'occupe du million de français qui rentre d'Algérie en urgence. En 1962, il devient secrétaire d'Etat au budget pour migrer vers l'économie et les finances en 1967. En juillet il devient ministre de la fonction publique avant de prendre le portefeuille de l'agriculture puis de la santé l'année suivante.

Mais voilà, en 1969, le général De Gaulle, celui qu'il considère comme son mentor et modèle, se retire du pouvoir en démissionnant suite à l'échec du référendum proposé sur les régions et décède l'année suivante. Quelques années plus tard, la fille de Robert Boulin, Fabienne Boulin-Burgeat, se souvient que c'est la première fois qu'elle avait vu pleurer son père. Au décès du général De Gaulle. Cette année 1970, Boulin emmène toute sa famille pour se recueillir sur la tombe du général. C'est en 1975 que le maire de Libourne marie sa fille à un jeune fonctionnaire Henri Burgeat. C'est d'ailleurs lui qui va mener la campagne des législatives de son beau-père en 1978.

Entre temps, à la suite de la démission du général De Gaulle c'est le président du Sénat Alain Poher qui assure l'intérim du chef de l'Etat avant l'organisation de nouvelles élections. Le premier ministre du Général, Georges Pompidou, est élu président de la République le 15 juin 1969. Il apprécie beaucoup son ministre de la Santé publique et de la Sécurité sociale, Robert Boulin, pour son franc-parler. Avant son élection à la présidence de la République, Georges Pompidou se plaint de fatigues et de maux de tête, puis de saignements de nez et d'états grippaux. Des examens révèlent qu'il est atteint par la maladie de Waldenström (un cancer hématologique proliférant au niveau de la moelle osseuse).

Georges Pompidou décède le 2 avril 1974 tard dans la soirée, sa mort est annoncée le soir même à la télévision. C'est donc Alain Poher, toujours président du Sénat, qui endosse une seconde fois le rôle de président de la République par intérim. Les obsèques célébrées, le camp politique se divise. Tandis que Robert Boulin soutient Jacques Chaban-Delmas pour l'élection présidentielle, Jacques Chirac, alors ministre de l'agriculture et du développement rural, préfère soutenir Valéry Giscard d'Estaing, le ministre de l'économie et des finances. C'est d'ailleurs ce dernier qui sera élu le 27 mai 1974, choisissant comme premier ministre, Jacques Chirac. Pour la première fois depuis 15 ans, Robert Boulin est écarté du gouvernement.

C'est durant cette période que Robert Boulin, déjà grand-père, achète un terrain situé à Ramatuelle dans le département du Var, appartenant à son ami Henri Tournet. Il reprend également son métier d'avocat et s'éloigne un peu du pouvoir politique afin de prendre un peu de recul. Il fait construire une maison sur le terrain acheté afin de satisfaire son épouse qui voulait vivre dans le sud de la France. Il passe ainsi ses premières vacances en 1976. C'est le 24 août 1976 que le premier ministre Jacques Chirac convoque la presse pour annoncer qu'il démissionne de ses fonctions, estimant qu'il ne possède pas les moyens nécessaires pour assurer la charge de chef du gouvernement.

Jacques Chirac a désormais les mains libres et fonde son parti le Rassemblement pour la République (RPR). Près de 97% des membres de l'ancien parti, l'Union pour la défense de la République (UDR) le rejoignent et le portent à la présidence du nouveau parti. Fort de son succès, il se lance dans la campagne pour la mairie de Paris et bat le candidat désigné par l'Union pour la démocratie française (UDF), le parti historique de Valéry Giscard d'Estaing. Toutefois, le nouveau maire de Paris garde toujours un œil sur l'Elysée. C'est Raymond Barre qui lui succède au poste de premier ministre le 25 août 1976. Le président Giscard d'Estaing le considère comme l'un des meilleurs économistes de France. C'est d'ailleurs la première fois sous la 5ème république qu'un chef de gouvernement possède également un portefeuille ministériel, celui de l'économie. Il gardera les deux fonctions jusqu'en mars 1978.

Robert Boulin revient en politique, d'abord comme ministre délégué aux relations avec le parlement. En mars 1977, il devient ministre délégué à l'économie et aux finances, pour enfin être nommé le 5 avril 1978, ministre du travail et de la participation. La crise pétrolière de 1979 commence à pointer le bout de son nez avec les usines qui ferment, la réforme des prud'hommes et l'emploi des jeunes. Robert Boulin n'a pas trop le temps de s'occuper de son avenir politique. Pourtant, en octobre 1979, lors d'une visite officielle à Libourne, le président de la République Valery Giscard d'Estaing laisse entendre que Boulin ferait un excellent premier ministre.

En fait le président de la République voudrait bloquer la progression constante du maire de Paris qui se voit déjà Président en 1981. Boulin a un parcours héroïque, un passé politique appréciable avec les différents portefeuilles gérés. Boulin se retrouve malgré lui au cœur d'une querelle de pouvoir. Plusieurs terrains autour de la résidence de Robert Boulin à Ramatuelle ont été vendus plusieurs fois par son ami Henri Tournet. Des plaintes sont déposées par des propriétaires en 1975 et transmises en 1979 à un jeune juge de Caen, Renaud Van Ruymbeke. Pour se défendre, Tournet déclare que Boulin est son complice. Il laisse également entendre que le ministre lui a remboursé en espèces le prix d'achat de son terrain.

Robert Boulin sent le coup monté par ses amis politiques qui auraient communiqué à la presse des pièces essentielles du dossier. Le ministre se sait innocent mais lorsque le journal « Minute » sort son article, il sait qu'il va falloir démonter point par point toutes les accusations dont il fait l'objet. Il prend la parole le 21 octobre 1979 sur la radio « Europe 1 » pour démontrer sa bonne foi, ayant réalisé un achat de terrain pour y construire une maison, le tout devant notaire avec un acte authentique. Ses terrains ne sont pas en danger et il n'est pas cité dans l'affaire judiciaire, sinon par son ami Henri Tournet.

Le journal « Le canard enchaîné » publie à son tour, le lendemain, les détails de l'affaire avec notamment le prix du m2 fixé à 2 francs (30 centimes d'euros) ce qui parait peu cher. Les journalistes donnent toutefois la possibilité au ministre de s'expliquer, lui réservant un encadré. A son tour, le journal « Le monde » s'empare de l'affaire. Au terme d'une enquête, les journalistes concluent que Robert Boulin n'est pour rien dans cette affaire ou qu'il est le complice d'Henri Tournet qui lui aurait vendu un terrain ne lui appartenant déjà plus. Reste à savoir désormais quel a été le rôle du notaire dans cette affaire. Hasard du calendrier, lorsque l'article du journal « Le monde » sort, le Président Valery Giscard d'Estaing, le maire de Paris Jacques Chirac et Robert Boulin se retrouvent pour remettre des médailles du travail. Une fois la cérémonie terminée, le ministre du travail repart dans son fief, afin de construire sa riposte.

Le 29 octobre 1979, Robert Boulin revient au ministère avec, dans sa sacoche, sa lettre de réponse pour le journal « Le monde », consécutive aux attaques qu'il a subies. Il est très décidé à en découdre avec les personnes - certaines de son entourage politique - pour défendre son honneur bafoué dans la presse. Robert Boulin est un grand avocat et comme tel, il a construit une excellente défense. Il réunit le matin ses plus proches collaborateurs afin de recueillir leur avis puis déjeune tranquillement au ministère, discutant de choses et d'autres avec son propre conseiller et gendre.

Toutefois, en début d'après-midi, il sort un dossier de son coffre-fort et le place dans sa sacoche, annule un rendez-vous avec les syndicats et quitte le ministère, il est environ 15h00 ce 29 octobre 1979. Il ne donne aucune indication sur ce nouvel emploi du temps, ni s'il a rendez-vous avec une autre personne. Il rentre chez lui dans sa maison située au 32, boulevard Maillot à Neuilly sur Seine. Son officier de sécurité l'aide à porter tous ses dossiers. Son épouse s'étonne de le voir rentrer si tôt. Il prend sa voiture personnelle, seul. Lorsque son épouse lui demande où il va, il lui répond qu'il a rendez-vous avec ses avocats. A cet instant, il n'y a aucune raison pour sa famille de s'inquiéter.

En fin d'après-midi Robert Boulin n'a donné aucune nouvelle, sa femme commence à s'inquiéter. Sa fille Fabienne Boulin-Burgeat contacte son époux au ministère qui rentre immédiatement auprès de sa belle-mère et de sa femme. Dans la soirée plusieurs visites pour le moins curieuses vont défiler au domicile des Boulin, dont un certain Patrice Blanc que Robert utilisait comme attaché de presse. Ce dernier explique qu'il avait rendez-vous avec le ministre dans l'après-midi et que ce dernier n'est pas venu. Patrice s'en va et revient un peu plus tard avec maître Maillot, un ancien confrère de Robert Boulin et un personnage étrange présenté comme monsieur Thierry. Ce curieux bonhomme s'est promené dans l'appartement et dans le bureau de Boulin avant que le gendre lui demande de quitter les lieux. Au moment de partir, ce Thierry demande si la poubelle du bureau du ministre avait été inspectée ?

Henri Burgeat trouve cette remarque pour le moins étrange. Effectivement il ne fouille jamais dans la poubelle de son beau-père, ni à son domicile ni au ministère. Après le départ de cet homme, Henri se rend dans le bureau de son beau-père et trouve dans la poubelle un mot sur une lettre chiffonnée : « J'envisage de me noyer dans un étang de la forêt de Rambouillet où j'aimais beaucoup faire du cheval. Ma voiture 305 Peugeot est immatriculée 651 GX 92 ». Le fils aîné de Robert Boulin, Bertrand, décide d'aller inspecter la forêt de Rambouillet située dans le sud du département des Yvelines. Il prend également contact avec le chef de cabinet de son père, puis la permanence du premier ministre.

Raymond Barre est averti à 03h00 du matin par la personne de permanence de Matignon. Il donne immédiatement des consignes pour organiser les recherches. Il est 08h35, lorsqu'une brigade de gendarmes motocyclistes retrouvent le véhicule de marque Peugeot 305 appartenant au ministre Robert Boulin. C'est le chef, Francis Deswarte, qui aperçoit pour la première fois le corps du ministre à la surface de l'étang Rompu, un petit plan d'eau situé dans la forêt de Rambouillet, commune de Saint-Léger-en-Yvelines.

Robert Boulin est sur le ventre avec la tête plongée dans l'eau à quelques mètres du bord de l'étang. La température de l'eau en cette période ne dépasse guère les 10 degrés. La gendarmerie, arrivée sur place la première, commence ses constatations avant que le Service Régional de Police Judiciaire (SRPJ) de Versailles soit saisi officiellement. Ce qui n'empêche pas le lieutenant-colonel Charles Chevallereau, commandant le groupement de la gendarmerie des Yvelines, de s'exprimer devant les journalistes. Pour lui, le suicide ne fait aucun doute : « Le corps du ministre ne portait aucune trace de coups ou de lutte ».

Le président de la République, informé de l'affaire, rentre d'un voyage d'Etat à Berlin mais n'annule aucun rendez-vous de son agenda du 30 octobre 1979. A l'issue d'une réunion du conseil des ministres, il invite simplement les membres du gouvernement à sortir par une autre porte afin d'éviter les questions des journalistes. Dans l'hémicycle de l'Assemblée nationale, le député Jacques Chaban Delmas rend hommage à son ami. Le corps de Robert Boulin a été transporté à l'Hôpital de la Salpêtrière situé au 47 boulevard de l'Hôpital dans le 13ᵉᵐᵉ arrondissement de Paris et c'est à 16h30, ce 30 octobre 1979, que l'autopsie est pratiquée par les médecins légistes, en présence du policier Jean-Pierre Courtel du SRPJ de Versailles dirigé par Claude Bardon, chargé de l'enquête par l'intermédiaire du commissaire principal Alain Tourre.

A ce moment-là, le premier substitut du procureur entre dans la pièce et déclare aux médecins : « Non ! Pas la tête, la famille s'y oppose ! ». L'autopsie de ce fait, reste bâclée sur instruction du procureur de Versailles. Dès l'édition de l'après-midi, le journal « France Soir » titre en première page le suicide de Robert Boulin, alors que la dépouille du ministre n'a toujours pas été restituée à la famille. Ce n'est qu'à 18h30 que le corps arrive au domicile en ambulance. Colette Boulin s'étonne de plusieurs marques sur le visage et à la tête lors de l'installation du corps de son défunt mari dans le lit. Elle n'aura pour seule réponse que ces marques sont consécutives à l'autopsie. Quelle sera sa surprise d'apprendre, deux ans plus tard, que la tête n'avait pas été autopsiée !

Le Premier ministre Raymond Barre rend visite à la famille en affirmant qu'au vu de l'enquête, la mort de Robert Boulin est bien un suicide, ceci ne fait aucun doute. Lors d'une conférence de presse, le secrétaire général de l'Elysée, Pierre Hunt, mettra ce décès sur le compte d'une campagne de presse particulièrement virulente dont le ministre a fait l'objet. Malgré les nombreuses zones d'ombre, la famille accepte la déclaration des autorités, habituée depuis de nombreuses années à avoir confiance au plus haut sommet de l'Etat. Dès le lendemain, une dizaine de journaux reçoivent des photocopies d'une lettre de Robert Boulin admettant vouloir mettre fin à ses jours. L'original de ce courrier n'a jamais été retrouvé.

Le 3 novembre 1979, les obsèques de Robert Boulin sont célébrées, mais cette nouvelle ne fait pas la une des journaux. En effet, la veille, le 2 novembre 1979 à 15h15, à la porte de Clignancourt, l'ennemi public numéro un Jacques Mesrine a été abattu par la police. C'est lui qui fait la première page des journaux nationaux, relayant l'enterrement du ministre au second plan. Le Président de la République est parti à la chasse et le maire de Paris, Jacques Chirac, s'est fait représenter, mais les anciens résistants, les Libournais, sont tous en état de choc. Un cortège de nombreuses personnes se forme pour accompagner Robert Boulin à sa dernière demeure.

Quelques mois se passent avant que la famille puisse avoir accès au dossier sur l'enquête de la mort de Robert Boulin et, notamment, aux photos prises par l'identité judiciaire. À la vue de ces clichés, il n'y a plus aucun doute sur la thèse fragile du suicide. La tête montre bien trop de traces ressemblant à des coups pour que la mort soit « volontaire ». La famille désire qu'une nouvelle enquête soit ouverte avec une seconde autopsie. Trois ans plus tard les Boulin cessent de croire au suicide et prennent un nouvel avocat : Jacques Vergès en remplacement de Robert Badinter.

Une seconde autopsie est ordonnée et pratiquée le 16 novembre 1983 à la demande de la famille de Robert Boulin. Lors de cette opération plusieurs faits troublants sont relevés comme une trace de corde au poignet droit qui laisse penser que le ministre a été attaché et une trace d'hématome derrière la boite crânienne comme pour dire que Robert Boulin aurait été assommé. Le conseiller général socialiste et médecin légiste Daniel Jault, qui assiste également à l'autopsie va déclarer quelques années plus tard : « On a tous pensé qu'il avait été liquidé, mais il subsistait un manque cruel de preuves, seul un faisceau d'éléments concordants sur lequel j'ai bâti ma conviction… ». Le médecin légiste constate toutefois que des scellés ont été volés puis détruits, comme les poumons du ministre, ce qui empêchera de déterminer s'il y a eu noyade. Il termine son examen en précisant qu'à l'époque aucune conclusion n'aurait dû être donnée sans une autopsie complète incluant le crâne. La famille Boulin rappelle qu'à l'époque, elle ne s'était jamais opposée à aucun acte d'autopsie.

Daniel Jault remarque également un fait troublant concernant les lividités cadavériques du corps. Dans le rapport d'autopsie elles sont situées au niveau du dos. Lorsque le cœur arrête de fonctionner, le sang ne circule plus et va se situer dans les parties les plus basses du corps dans la position où il se trouve au moment du décès. Or, les gendarmes ont clairement donnée la position du corps au moment de la découverte, à genoux, en partie sur le ventre. Les lividités cadavériques auraient donc dû se trouver dans le bas du ventre et non sur le dos. Ce qui veut dire que quelques temps après sa mort, il n'était pas dans cette position, mais se trouvait vraisemblablement sur le dos.

La famille de Robert Boulin commence à se lancer dans une bataille pour obtenir la vérité sur la mort de leur époux et père. Plusieurs témoins admettent qu'ils ont été menacés s'ils parlaient de l'affaire, tandis que la famille essaie de comprendre pour quelle raison un homme a pu se noyer dans 60 centimètres d'eau, ressortir sur le rivage, sans trace de boue avec de nombreux coups portés sur le visage comme en attestent les photos de l'identité judiciaire.

Jacques Collet était journaliste à TF1. Le 30 octobre 1979, il se souvient de la thèse officielle du suicide annoncée par les plus hautes autorités. À l'époque cela ne présentait aucun doute. Pourtant, lorsque trois ans plus tard il reçoit les fameuses photos de l'identité judiciaire, selon lui la théorie ne tient plus. Il rencontre Colette Boulin sur la tombe de son mari, elle met fin aux quatre années de silence qu'elle s'était imposées pour que les enfants puissent faire le deuil de leur père. Colette confirme au journaliste que son époux avait en sa possession plusieurs dossiers sur la classe politique qui n'ont jamais été retrouvés. Elle déclare également que le soir de la disparition de son mari, c'est un proche conseiller du ministère, monsieur Guy Aubert, qui vient lui annoncer, blême, que son mari a été assassiné. Le corps ne sera pourtant découvert par les gendarmes que le lendemain matin Elle essaiera de le revoir à plusieurs reprises sans succès. Madame Boulin précise au journaliste qu'elle ne cherche pas à se venger, juste à connaître la vérité.

En 1984, les Boulin accusent l'Etat d'avoir dissimulé la vérité, mais Robert Badinter, l'ancien avocat de la famille devenu garde des Sceaux, défend les institutions. Il attaque les Boulin en diffamation, ces derniers espacent leurs apparitions. Le 7 janvier 1988, Colette Boulin, veuve de l'ancien ministre, et ses enfants, Bertrand Boulin et Fabienne Boulin-Burgeat, sont condamnés à une amende de 8 000 francs (environ 1 200 euros) pour diffamation envers Robert Barbat, procureur de la République de Versailles en 1984.

L'affaire Boulin va passer de juge en juge avant que le 20 septembre 1991, une jeune magistrate, Laurence Vichnievsky, rende une ordonnance de non-lieu, alors que le dossier ne lui a été confié que depuis neuf jours. Un non-lieu que la famille Boulin va apprendre par la presse. Colette va d'ailleurs s'interroger sur cette méthode et le respect de la partie civile. Elle demeure dans l'idée que la mort de son mari est une affaire politique. La vérité mettra de nombreuses années à surgir, mais elle en est persuadée, elle surgira.

En 2002, alors que tous les recours sont épuisés, c'est le témoignage d'un gendarme présent sur les lieux en octobre 1979 qui va, une fois de plus, semer le doute. Ce dernier confirme que sur les lieux aucun obstacle ne peut expliquer les coups présents sur le visage même après une chute. D'ailleurs, le gendarme précise, pensant que Robert Boulin avait peut-être été « flingué », avoir ouvert la chemise du ministre pour vérifier s'il n'y avait pas des traces d'impacts de balles. L'instruction choisit toutefois, dans son ordonnance de non-lieu, de garder le témoignage d'un policier qui fait état d'une pierre invisible sur les photos.

Le 15 décembre 1992, la Cour de cassation confirme le non-lieu, ouvrant un délai de dix ans avant une éventuelle prescription. Colette Boulin s'éteint le 23 août 2002 et sa fille Fabienne Boulin-Burgeat découvre les notes du journal intime de sa mère. Fabienne, avec son mari, décide de reprendre le combat pour la vérité sur la mort de son père, sans doute pour continuer l'œuvre de sa mère ou simplement pour espérer obtenir enfin la vérité. Fabienne Boulin-Burgeat demande la réouverture de l'enquête mais Laurent Le Mesle, le procureur général de la cour d'appel de Paris, rejette cette demande le 16 octobre 2007. Un fait nouveau avait été porté au dossier, le témoignage de Marie-Thérèse Guignier, administratrice judiciaire, qui fut membre des cabinets ministériels de Robert Boulin. Elle dit avoir été réveillée dans la nuit du 29 au 30 octobre 1979, entre 1 h 30 et 2 h du matin, par un ami : Louis-Bruno Chalret, à l'époque procureur général près la cour d'appel de Versailles, lié au Service d'Action Civique (SAC) et aux réseaux Foccart. Chalret lui apprend que l'on a retrouvé le corps de Robert Boulin dans la forêt de Rambouillet. Le lendemain, Louis-Bruno Chalret rappelle Thérèse Guignier pour lui préciser qu'il s'est rendu en personne, la nuit dans la forêt, et qu'il s'est occupé de l'affaire, comme il fallait, soulignant que c'était un « truc à emmerdes ». Il lui précise également qu'il a appelé tout le monde sur le REGIS (le réseau téléphonique interministériel de l'époque), c'est-à-dire l'Elysée, Matignon, ainsi que probablement la chancellerie et l'Intérieur. Thérèse Guignier précise que Louis-Bruno Chalret était l'homme de la situation.

Jacques Foccart, père du réseau éponyme, est un ancien résistant, gaulliste de la première heure ? C'est l'homme de l'ombre et des secrets de la République, le confident du Général De Gaulle et son émissaire auprès des chefs d'Etats africains. Robert Boulin le respecte beaucoup, mais Foccart est aussi l'un des fondateurs du SAC, un groupuscule parfois armé, se réclamant du gaullisme. Après la guerre d'Algérie, le SAC se reconvertit dans le service d'ordre et le collage d'affiches. On le trouve mêlé à certaines affaires louches. Le SAC est dissous par le président François Mitterrand le 3 août 1982, par application de la loi du 10 janvier 1936 sur les groupes de combat et milices privées.

Mais en 1979, quelques jours après la mort de Robert Boulin, ce sont des membres du SAC qui vont procéder au grand nettoyage, comme en témoigne l'attaché parlementaire Bernard Fonrede. Dans l'immeuble appartenant à Robert Boulin à Libourne, au sous-sol, se trouvaient toutes les archives du maire libournais depuis 1958. Sur le côté, une porte cochère permettait au gens du SAC d'entrer dans la propriété où, dans une dépendance, étaient stockés affiches, pots de colle et autres. Le dimanche suivant le décès de Robert Boulin, trois hommes du SAC ont débarrassé toutes les archives pour les emmener dans une usine à papier afin de les détruire. Lorsque l'attaché parlementaire les a interrogés, il n'a eu comme seule réponse : « Le chef a reçu des ordres de Paris ! ». Il faut dire que durant sa carrière Robert Boulin avait l'habitude de conserver des petits dossiers sur toutes les pratiques qui le choquaient.

Quelques jours plus tard, la gendarmerie apporte les archives des ministères où avait travaillé Robert Boulin. Bernard Fonrede les conservera jusqu'à la réception d'un ordre pour la destruction. Il se souvient de certains dossiers comme le financement du RPR, un dossier du groupe pétrolier

Elf avec le Gabon, un autre dossier sur une clinique de la région qui pratiquait des opérations fictives demandant le remboursement auprès de la sécurité sociale. Les fonds étaient versés sur le compte du parti socialiste des Bouches-du-Rhône.

Bernard Fonrede rappelle donc la même équipe du SAC pour se débarrasser de ces nouvelles archives et les accompagne jusqu'à l'usine à papier pour bien vérifier que la destruction est effective. Malgré tous ces différents témoignages, pour l'essentiel donnés à des journalistes des différents médias, aucune enquête n'est rouverte et, de ce fait, aucun juge d'instruction nommé pour la conduire. Au grand désespoir de la fille de Robert Boulin, Fabienne, l'heure de la prescription arrive à grand pas. C'est sans compter sur la ténacité, en 2015, d'une jeune avocate Marie Dosé, qui relie pages après pages toutes les pièces du dossier.

Cette avocate dépose une plainte pour plusieurs crimes auprès du doyen des juges d'instruction, Aude Montrieux, du tribunal de Versailles Une information judiciaire est ouverte pour « arrestation, enlèvement et séquestration, suivie de mort et d'assassinat », très loin de la thèse du suicide de l'époque. La doyenne des juges d'instruction est saisie. Fabienne Boulin-Burgeat reste optimiste comme sa mère l'était, elle demeure persuadée que tôt ou tard, la vérité va finir par sortir. Les personnes de l'époque encore en vie et celles qui ont influencé

148

l'enquête et l'autopsie sur de fausses pistes auront alors, sans doute, des comptes à rendre.

Les témoins qui attendaient qu'un juge puisse les entendre vont pouvoir enfin parler. La juge d'instruction saisie cherche d'abord à connaître l'emploi du temps de Robert Boulin, ce fameux après-midi du 29 octobre 1979. Est-ce lui qui a réellement posté les lettres annonçant son suicide et reçues par les journaux ? Un témoin, jamais entendu jusqu'à présent, témoigne avoir croisé Robert Boulin à Montfort-l'Amaury dans le département des Yvelines vers 17h00. Il était en voiture, sur le siège passager, alors que trois autres hommes étaient présents dans le véhicule. La magistrate fait ensuite analyser les lettres conservées qui ne présentent aucune trace d'ADN du ministre, même pas à la hauteur de sa signature manuscrite sur les courriers à l'intérieur des enveloppes, seule une légère trace là où le timbre est collé. Une conclusion est alors possible, soit le ministre avait des gants - curieux pour annoncer un suicide - soit les lettres avaient été préparées à l'avance.

L'année 2015 semble se présenter sous une bonne étoile, on est persuadé d'avoir bientôt la réponse. Mais voilà la juge d'instruction, Aude Montrieux, se dessaisit pour raisons familiales au mois d'août 2015. Un nouveau coup de théâtre, cette fois politique : Bernard Pons, plusieurs fois ministre et député, ancien secrétaire général du RPR évoque publiquement « la quasi-certitude d'un assassinat » de Robert Boulin. Malgré tout après le départ d'Aude Montrieux du dossier d'instruction, une inertie de plusieurs mois va commencer, une fois de plus dans la totale indifférence.

Pour continuer leur combat, Fabienne Boulin-Burgeat et son avocate décident le 31 octobre 2019 d'organiser une reconstitution « citoyenne » avec leurs propres moyens qui naturellement n'aura aucune valeur juridique. Un témoin de l'époque, le docteur Bourbenet qui était dans le camion des pompiers, fait une remarque sur la position du corps qui lui parait bizarre. Le médecin de Rambouillet a plusieurs fois constaté des décès, mais jamais dans cet étang réputé peu profond. Il insiste également sur la position de la main posée sur le corps, prise par les clichés. Pour lui il est peu probable que ce soit Robert Boulin lui-même qui ait mis sa main ainsi. D'autre part, pour lui un noyé se trouve au fond de l'eau et ne remonte que quelques jours plus tard, avec la formation des gaz. Pour lui le ministre ne s'est pas noyé. Sa conclusion fait plus penser à un règlement de compte où le corps aurait été déplacé.

Un journaliste, Vincent Vantighem, qui travaillait pour « 20 Minutes » est présent à la reconstitution et retranscrit fidèlement les propos du médecin-réanimateur. Au moment des publications, il avoue, dans sa carrière, avoir reçu une seule fois des menaces ou des intimidations pour ne pas publier ses papiers, et c'était dans « l'affaire Boulin ». Selon ses déclarations, c'est un membre de l'Union pour un Mouvement Populaire (UMP fondé le 23 avril 2002 sous le nom d'Union pour la majorité présidentielle en vue des élections législatives de 2002. Le parti devient, quelques mois plus tard, l'Union pour un mouvement populaire, gardant les mêmes initiales) qui lui aurait « conseillé » le silence.

En 2003, Bernard Fonrede a également subi des pressions pour savoir s'il détenait encore des documents ayant appartenu au ministre. Un soir une attaque le plongera pendant plusieurs jours dans le coma. Maintenant, il n'en parle plus. James Sarrazin, journaliste au « Monde », sera également victime d'une tentative d'intimidation la même année pour avoir publié le témoignage de Bernard Fonrede. Sur l'un des quais qui fait face à la Seine, il est alpagué par un homme qui le plaque contre la grille tandis qu'un autre homme bien habillé en costume pardessus, le met en garde contre ses articles sur Robert Boulin en lui demandant d'arrêter immédiatement. Les mots sont on ne peut plus clairs : « Vous arrêtez tout de suite, ou alors c'est nous qui vous arrêtons… »

Le 8 novembre 2020, le collège d'experts mandaté par la justice pour examiner les constatations initiales de l'enquête en 1979 sont insuffisantes pour conclure formellement à une mort par noyade. Les experts déclarent, pour argumenter leurs conclusions, l'existence d'une fracture de la portion nasale du maxillaire gauche et l'absence de données anatomopathologiques et biologiques qui auraient pu expliquer, à elles seules, la mort de Robert Boulin. Celle-ci, selon eux, résulterait d'un « choc direct secondaire ».

C'est en 2002 que Florence Mothe, une journaliste vivant dans le bordelais est approchée par un certain Jacques Pêcheur, ancien catcheur assez brillant connu sous le nom de « Spartacus ». Cet homme est un ancien pompier de Paris et était membre éminent du SAC. On lui confie souvent des missions qui dépassent le cadre du maintien de l'ordre et il s'est retrouvé plusieurs fois en prison. A chaque fois pour s'en sortir, il déclare aux policiers qu'il a tué Robert Boulin. Les policiers font part à leur hiérarchie de ces aveux pour le moins curieux et à chaque fois Pêcheur est relâché.

Il utilisait ce stratagème quand il était arrêté pour avoir corrigé un peu trop des syndicalistes, toujours sur ordre du SAC. Il révèle être l'un des trois hommes qui était présents le 29 octobre 1979 avec Robert Boulin. Il dément toutefois avoir assassiné le ministre, il était là pour le corriger un peu, sous le regard d'un autre membre du SAC chargé de surveiller. Ce qu'il s'est passé ensuite, il l'ignore. Jacques Pêcheur révèle qu'il n'a pas assisté à la mort de Robert Boulin. Selon lui, il est probable que ce soit le troisième homme qui aurait commis une erreur. Mais voilà, le 27 juillet 1999 Jacques

Pêcheur est arrêté au Luxembourg pour avoir tenté d'assassiner dans un parking souterrain, le milliardaire autrichien Gaston Glock, inventeur du célèbre pistolet éponyme.

Pêcheur est placé en détention provisoire et commence à raconter la même histoire sur Robert Boulin aux policiers luxembourgeois qui ne semblent pas du tout intéressés. C'est durant l'attente de son procès qu'il prend contact par téléphone avec la journaliste Florence Mothe, en 2002. Jacques Pêcheur est décédé depuis, sans livrer le nom de ses complices pas plus que celui de son commanditaire supposé. Florence Mothe est persuadée que Jacques Pêcheur n'était qu'un petit rouage dans cette entreprise diabolique.

Un autre homme, Jean Charbonnel, membre du RPR qui fut secrétaire d'Etat aux affaires étrangères, chargé de la coopération de 1966 à 1967 avant d'être ministre du développement industriel de 1972 à 1974, fait des déclarations fracassantes concernant la mort de son ami Robert Boulin. A partir de 2009 sur la radio « France Inter », dans le journal « Sud-Ouest » en 2011 puis sur la chaine « FR3 » en 2013. Jean Charbonnel se dit persuadé que la version officielle de son ami est faussée. Dans ses déclarations, l'ancien maire de Brives de 1966 à 1995 et député de 1962 à 1993 ajoute qu'il détient à la disposition de la justice les noms des deux responsables qu'il qualifie d'assassins.

La chaine « France 3 », diffuse le 29 janvier 2013 un téléfilm sur l'affaire dont le titre ne laisse aucun doute sur la thèse que le réalisateur Pierre Aknine entend développer sur l'affaire Boulin : « crime d'Etat ». Cette fiction démontre un dérapage qui se serait terminé par un meurtre. Jean Charbonnel, quant à lui décède à Paris le 19 février 2014, la justice n'a jamais enregistré ses déclarations.

Le 17 juin 2021, Fabienne Boulin-Burgeat assigne l'Etat en justice pour « faute lourde », notamment les deux magistrats instructeurs de Versailles à qui elle reproche de ne pas travailler efficacement pour que l'enquête sur la mort de son père avance de manière significative. Elle demande également 100 000 euros de dommages et intérêts en réparation du préjudice en déclarant : « Cette série de déficiences dans la recherche des causes de la mort de Robert Boulin traduit l'inaptitude du service public de la justice à remplir la mission dont il est investi et caractérise une faute lourde de l'État… ».

Plus de quarante ans se sont écoulés depuis la mort de Robert Boulin. Raymond Barre, le Premier ministre de l'époque est décédé le 25 août 2007, Jacques Chirac le 26 septembre 2019, tandis que l'ancien président de la République Valéry Giscard d'Estaing est mort le 2 décembre 2020. On ne saura sans doute jamais ce qu'il s'est passé réellement ce jour du 29 octobre 1979. On sait aujourd'hui de manière formelle qu'il ne s'agit pas d'un suicide, les différentes analyses l'ont prouvé.

Mais dans ce cas ? Une tentative d'intimidation qui a mal tourné ? Il est difficile de penser à un crime d'Etat, dans notre pays démocratique. Nos institutions en seraient fragilisées, mais la couverture d'un acte manqué par « raison d'Etat » ne peut être exclue…

Crimes et cinéma 06

2015 – Fou d'amour

Nous sommes le 16 septembre 2015, lorsque le réalisateur Philippe Ramos décide de sortir son long métrage « Fou d'amour » inspiré d'une affaire qui a défrayé la chronique en 1956 où le petit curé d'Uruffe, Guy Desnoyers avait assassiné sa jeune maîtresse avant de lui dérober le fœtus dont il était le père de la jeune Régine Fays.

En 1959, un homme, coupable d'un double meurtre, est guillotiné. Au fond du panier qui vient de l'accueillir, la tête du mort raconte ce qui l'a conduit à la peine de mort. Curé admiré, il avait eu plusieurs maîtresses dans la paroisse rurale dont il avait la charge. Déjà soupçonné des mêmes faits à son ancien poste, son évêque se montre perplexe, mais ne peut prétendre dans un premier temps à une nouvelle sanction sans preuve. Les commérages dans les villages vont « bon train »…

Philippe Ramos avait déjà traité de ce sujet dans son court métrage « Ici-bas », c'est son sentiment d'inachevé qui l'a convaincu de reprendre l'histoire en l'étoffant davantage. Un peu comme un peintre qui reprend ses premiers motifs pour en dévoiler les nouveaux aspects. Philippe Ramos a gardé, pour cette version, beaucoup de faits véridiques, comme le club de théâtre, l'équipe de football, le double meurtre… Il a choisi délibérément de rendre aveugle la jeune victime interprétée par Diane Rouxel dans le rôle de Rose (Régine Fays). Le curé est interprété par Melvil Poupaud (Guy Desnoyers).

Le final, traité dès le début par cet homme guillotiné est sans doute le plus différent par rapport à la réalité. Les jurés n'ont sans doute pas voulu donner la mort à un homme d'église qui pourtant avait commis l'irréparable. Un étrange petit film sorti dans un total anonymat. C'est à la fois noir et terrible. Un casting très convaincant, avec la toujours parfaite Dominique Blanc et la jeune Diane Rouxel. Tandis que Melvil Poupaud est absolument parfait dans le rôle de ce curé un peu trop amoureux des femmes et de sa liberté. Finalement, une très bonne surprise pour ce lon métrage atypique. Un vrai plaisir.

*
**

Nous sommes le 24 février 1920 dans un petit hameau de Meurthe-et-Moselle qu'on appelle Haplemont lorsque Guy Desnoyers voit le jour. Il subit l'influence de sa grand-mère maternelle qui domine la famille par son caractère très trempé et sa détermination. Cette aînée se fait déjà une grande idée de l'avenir de son petit-fils.

Dans ces années de l'après grande guerre, trois métiers sont très respectés dans les villages. Instituteur ou Maire si on a de l'instruction, facteur si on est sportif ou curé si on a la foi. Les habitants respectent ces valeurs, elles représentent la vie même d'une communauté, le curé par-dessus tout est certainement le plus craint. Le grand pouvoir qu'il détient de Dieu lui octroi le droit de pardonner au nom du créateur et d'absoudre les péchés. Il est parfait et ne commet jamais le mal, il est là au contraire pour le combattre.

La grand-mère de Guy, très pieuse, a déjà choisi la vocation de son petit-fils, il n'y a même pas à y revenir, ni en discuter. Il est destiné à la prêtrise. Il part au petit, puis au grand séminaire à Bosserville et Villers-lès-Nancy. Dès le début de ses études ecclésiastiques, ce « beau gosse » va éveiller des soupçons dans l'esprit de ses pères sur son engagement dans la foi et sa possibilité de devenir un homme d'église. Son attitude et ses propos lorsqu'il se trouve en présence de jeunes filles les laissent perplexes.

C'est alors que ses études se terminent que la seconde guerre mondiale éclate. Comme beaucoup de jeunes gens, il est réquisitionné pour travailler dans une usine de Neuves-Maisons sous la direction des allemands. Il raconte qu'un jour qu'il aidait son oncle Emile Marulier, habitant dans les Vosges à Harol, à cacher des prisonniers évadés, il tue un soldat allemand. Aucune preuve de ses dires n'a pu être trouvée.

C'est en 1946, alors que la guerre vient tout juste de se terminer, que Guy Desnoyers est ordonné prêtre. L'abbé Klein, son supérieur hiérarchique à Blâmont le prend pour exercer les fonctions de vicaire (une sorte de prêtre assistant qui aide le curé de la paroisse). Dès le début, ce dernier constate que son vicaire préfère de loin la pratique du basket-ball que l'étude de la théologie. Son manque de distance envers les jeunes filles du village paraît déjà poser des problèmes.

Agé seulement de vingt-six ans, il a une relation avec Madeleine, une femme du village. Son maintien dans la petite commune est impossible et une mutation de ses supérieurs le conduit à Rédhon, dans le nord de la Meurthe-et-Moselle, toujours comme vicaire. Mais là encore, on entend parler de ses écarts, notamment avec une jeune veuve fortunée qui vient de perdre son époux. Elle lui donne la somme de 150 000 francs (environ 2 300 euros) pour réparer le toit de l'église et acheter une voiture 2 CV Citroën. Grâce à la mobilité que lui procure son véhicule, il continue sa relation avec Madeleine et d'autres femmes du village, pendant dix ans jusqu'en octobre 1956.

Pendant ce temps en juillet 1950, la paroisse d'Uruffe le reçoit comme prêtre actif. Finie donc la charge de vicaire. Guy est très apprécié des jeunes garçons avec qui il met en place des équipes de football. Les jeunes filles apprécient son goût pour le théâtre et la chorale. Les anciens, bien que partagés sur ses méthodes sont bien obligés d'admettre qu'il plaît aux jeunes qui voient en lui une modernité tant attendue pour ce petit village d'à peine 400 habitants. C'est sans compter sur les démons qui le poursuivent et son appétit des plaisirs de la chair.

Desnoyers est très accessible, toujours disponible pour ses paroissiens, il en profite également pour entretenir des relations avec des femmes de la région, certaines sont mineures et ce qui doit arriver, finit par arriver.

En décembre 1953, le prêtre a une relation avec Michèle Léonard, une jeune fille du village âgée seulement de quinze ans. Les rumeurs vont bon train, c'est un petit village et tout se sait. Il doit agir vite. Guy persuade la jeune fille de se faire accoucher clandestinement dans l'Ain et d'abandonner « l'enfant du pêché ». Oui mais voilà, les rumeurs arrivent aux oreilles de l'évêque de Nancy, Marc-Armand Lallier, au courant du passé de son prêtre. Celui-ci se rend sur place pour avoir des éclaircissements. Jouant sur la crédulité de son évêque, Guy Desnoyers se jette à ses pieds, implorant de croire en son innocence, face à ces ragots. Monseigneur Lallier est ébranlé par cette attitude ; il décide de croire son prêtre et lui renouvelle sa confiance.

Plusieurs fois, Denoyers sera absent de sa paroisse. Devant l'inquiétude de ses paroissiens, il déclare simplement qu'il traverse une période de tourments et d'angoisses consécutifs aux accusations dont il est victime, il lui faut trouver la force de pardonner à ses détracteurs.

Régine Fays est une jeune fille de 19 ans, elle travaille comme ouvrière dans la verrerie de Vannes-le-Châtel. Au cours d'une activité de théâtre, elle tombe enceinte en 1956, comme Michèle l'a été en 1953. Guy Desnoyers essaie de convaincre le père de la jeune fille que l'auteur est un jeune homme parti à la guerre d'Algérie. Régine n'y est pour rien, elle a été violée lors d'une fête de village. A la lumière des derniers événements, peu de personne croit en son histoire. Il proteste publiquement devant ses paroissiens, affirmant qu'il est l'objet d'une calomnie comme la fois précédente. Régine, quant à elle, a décidé de garder l'enfant et le secret sur son géniteur.

Le temps passe et le curé commence à avoir de plus en plus peur : et si Régine finissait par parler ?

Que se passerait-il si l'enfant en grandissant lui ressemblait ? Le risque est trop grand, il faut absolument qu'il réussisse à convaincre la jeune fille de l'abandonner. Il est trop tard pour l'avortement, mais sans doute que dans un autre village ou une autre ville, il fera le bonheur d'une famille qui ne peut en avoir. Un orphelinat pourra s'occuper de lui trouver un foyer.

Le 3 décembre 1956, l'accouchement approche. Guy Desnoyers dort de plus en plus mal, s'inquiète de plus en plus. Malgré ses nombreuses demandes, il ne réussit pas à convaincre la jeune fille. Afin d'essayer de la convaincre une dernière fois, il entraîne Régine sur une petite route déserte, celle qui mène à Pagny-la-Blanche-côte. Il fait très froid, le chauffage de la 2CV suffit à peine à donner le minimum de confort à la jeune fille.

Il arrête le véhicule près d'un bosquet et propose de donner l'absolution à la jeune fille par deux fois. Régine n'en croit pas ses oreilles : lui un prêtre qui a abusé d'une de ses paroissiennes, oser proposer le pardon ? Le pardon de quoi ? D'avoir eu la faiblesse d'aimer un homme d'église ! Mais lui, qui va le pardonner ? Qui va le sanctionner pour avoir abusé d'une jeune fille ? Cet homme qu'elle croit aimer, ose en plus lui parler d'abandon, après lui avoir demandé il y a quelques mois d'avorter, acte sanctionné par l'Eglise dont il se croit encore le représentant. Même si elle a promis de garder le secret de cette union, elle sait pertinemment que les habitants du village ont de sérieux doutes. Et puis, qui sait peut-être qu'en voyant son enfant, il quittera les ordres et deviendra enfin ce père qu'elle espère tant. Devant son insistance, Régine quitte le véhicule et décide de rentrer à pied.

Guy Desnoyers sort à son tour avec dans la main le révolver 6,35 qu'il possède. Il lui tire une première balle dans la nuque, suivie de deux autres pour s'assurer que la jeune fille est bien morte. Le reste de la scène est surréaliste. Avec un petit couteau de scout, il éventre sa maîtresse et sort le fœtus de huit mois, encore vivant, c'est une petite fille. Il la baptise et la tue à coups de couteau. Comme si cela ne suffisait pas, il massacre son visage avec l'arme pour effacer toute possible ressemblance. Il se débarrasse des deux corps dans le fossé, avant de rentrer tranquillement à Uruffe.

Le lendemain, alors que les gens du village constatent la disparition de la jeune fille, Guy Desnoyers organise lui-même les recherches. Le curé précise qu'il connaît le nom du meurtrier, mais qui lui est impossible de le dénoncer, le secret de la confession ayant ses règles et ne pouvant y déroger. La seule chose qu'il puisse faire est d'aider les gendarmes. Avec l'enquête ils trouveront peut-être le responsable et son obligation de silence sera respectée. C'est sans compter sur une amie de Régine à qui cette dernière a fait des confidences en lui révélant que le curé était le père de son enfant. Quarante-huit heures après l'assassinat, alors qu'il est arrêté sur ce témoignage, Guy Desnoyers nie toujours être l'auteur du crime et le père de l'enfant. Malheureusement pour lui, une douille de 6,35 est trouvée à proximité du corps sans vie de Régine et comme par hasard, il détient un permis de port d'arme pour celle retrouvée dans le presbytère. Le curé craque et passe aux aveux. L'affaire fait grand bruit en cette période de l'avent et de la fête de Saint Nicolas. Afin d'éviter des ennuis et une mauvaise publicité à cette église fragilisée, Guy Desnoyers est écroué sous un faux nom. L'église va même jusqu'à organiser des cérémonies expiatoires pour chasser le mal et la honte qui s'est abattue sur son sacro-saint.

Le 24 janvier 1958, la cour d'assises de Nancy est prise d'assaut par une foule qui réclame la peine de mort pour ce double meurtre. La France est horrifiée. Il est impensable qu'un homme qui se dit le représentant de Dieu puisse faire une chose aussi affreuse. Et que penser de l'église qui laisse Desnoyers porter la soutane, sachant qu'il n'est pas à son premier scandale.

Deux jours après, le 26 janvier, le réquisitoire du procureur donne raison à la foule : « Je ne sais si ce Dieu que vous avez ignominieusement servi aura pitié de vous à l'heure, peut-être proche, de votre mort. Moi, je ne connais que la justice des hommes et je sais qu'elle ne peut vous pardonner. »

L'avocat de la défense implore la cour de laisser en vie cet homme. Il insiste sur le fait que la justice doit savoir punir sans tuer et que son client, pour expier sa faute, doit vivre avec le souvenir de l'acte abominable qu'il a commis, le droit de tuer n'appartient à personne. Son client ajoute : « Je suis prêtre, je reste prêtre, je réparerai en prêtre. Je m'abandonne à vous parce que je sais que devant moi, vous tenez la place de Dieu. »

Une heure et quarante-cinq minutes de délibération ont suffi pour reconnaître la culpabilité du prêtre. Il est déclaré responsable des deux meurtres, avec une réponse positive à chaque question. Toutefois, les jurés ont admis que Desnoyers doit bénéficier de circonstances atténuantes. A la place de la peine de mort, ce sont les travaux à perpétuité qui sont prononcés.

En France, dans les années cinquante, l'Eglise occupe encore une position prédominante dans les milieux ruraux. C'est sans doute pour cette raison que les jurés n'ont pas envoyé à l'échafaud son représentant. Même si celui-ci a déshonoré son message.

Malheureusement pour les victimes, la perpétuité des hommes n'engage que les promesses jamais tenues de les protéger. C'est en août 1978, alors qu'il est le prisonnier le plus vieux de France avec vingt-deux années de détention qu'il bénéficie d'une liberté conditionnelle. La blessure jamais refermée de son acte laisse planer des rumeurs : tantôt il est aperçu dans le sud de la France, d'autres témoignages le localisent en Louisiane. Certains même disent qu'il s'est mis en ménage avec une visiteuse de prison. Mais les termes de sa liberté conditionnelle sont très stricts. Il s'est en fait retiré en l'Abbaye Sainte-Anne de Kergonan à Plouharnel dans le département du Morbihan où il meurt le 21 avril 2010 à l'âge de 90 ans.

Le petit village d'Uruffe n'a pas souhaité mettre une inscription du type « Ici repose Fays Régine, tuée le 3 décembre 1956 par le curé de la paroisse Guy Desnoyers à l'âge de 19 ans ». La commune a préféré oublier ce fait divers qui l'a propulsé sur le devant des médias contre son gré. Publicité dont elle se serait bien passée. La mairie sur son site internet vante un endroit où il fait bon vivre. Les victimes, la mère et le bébé ont rejoints le caveau familial.

Désormais, au presbytère, comme dans beaucoup de communes, c'est un curé itinérant qui officie de temps à autre, pour les occasions religieuses, l'église n'est plus habitée. La statue de Jeanne d'Arc qui trône à l'intérieur ne peut que scruter une église aux traditions restées médiévales, qui comme à son habitude, s'est réfugiée dans son mutisme. Malgré les premières alertes de l'époque, elle continue de se taire…

Crimes et cinéma 06

2016 - Killing Reagan

Le 16 octobre 2016, un petit film sans prétention sort sur les écrans américains, malheureusement pour la France, il ne pourra être vu que sur certaines chaînes payantes et en Vidéo à la Demande (VOD). Ce qui est bien dommage, car le travail du réalisateur Rod Lurie mérite que l'on s'y intéresse.

En 1981, un jeune homme un rien dérangé a failli abattre le Président Reagan, uniquement pour impressionner une actrice dont il est fou amoureux. Seulement deux mois après le début de son mandat présidentiel, Ronald Reagan est proche de la mort après s'être fait tirer dessus et que la balle se soit logée à quelques centimètres de son cœur. Sa guérison a été remarquable – ou du moins en apparence. Mais Reagan a été gravement blessé, ce qui l'a forcé à faire face à un défi que peu d'hommes ont l'habitude de rencontrer. Comment surmonter cette expérience traumatisante tout en s'efforçant d'exercer ses fonctions de chef d'état le plus puissant du monde ?

Avec « killing Reagan », un biopic entre la fiction et la réalité d'un documentaire, traite d'un fait authentique, jamais transposé jusqu'à présent au cinéma, ni même à la télévision. Heureusement l'entreprise échoue grâce notamment à la rapidité d'exécution des hommes du Président, même si ce dernier Tim Matheson (Président Ronald Reagan) a tout de même été blessé, sous les yeux de son épouse Cynthia Nixon (Nancy Reagan) par le tueur Kyle S.More (John Hinckley, Jr.).

Une belle surprise avec ce biopic sur un moment bien précis du Président Reagan, peu de temps après son élection. Ce film nous permet de voir, un fou, obsédé par Jodie Foster et passionné du film « Taxi Driver ». Un film intéressant à suivre, sans complication, une réalisation simple mais très correcte. Outre le personnage politique que fut Reagan, le film est en soi bien réalisé, la musique est pertinente. Le suspens est bien posé, les scènes s'enchainent correctement.

*
**

Nous sommes aux Etats-Unis, plus précisément à Ardmore, une petite ville de l'Oklahoma, siège du comté de Carter. Le 29 mai 1955 John Warnock Hinckley Jr nait. Il ne grandit pas dans cette ville et passe le plus clair de sa vie dans l'Etat du Texas, puis du Colorado.

Peu doué pour les études, il effectue toutefois son cursus scolaire à l'université du Texas entre les années 1973 et 1980. Une petite interruption en 1976 où il rejoint Los Angeles pour espérer devenir compositeur. Malheureusement, la détermination ne suffit pas et le talent fait cruellement défaut malgré son travail acharné. Il entretient une relation épistolaire avec ses parents, surtout pour leur demander de l'argent. Son désir de vouloir se sortir de ce qui semble être le début d'une névrose lui fait inventer l'existence d'une petite amie prénommée Lynn Collins.

Il retourne chez ses parents à Evergreen, une petite ville du Colorado. Il vit ensuite quelques années seul avant de retourner à nouveau au domicile parental. John n'arrive pas à trouver sa place ni même sa voie. Il a besoin de jouer un rôle ou de trouver un but à sa vie, mais rien ne se passe.

C'est à ce moment-là qu'il tourne son obsession vers un film, « Taxi Driver », sorti en 1976 et primé au festival de Cannes. Vétéran de la Guerre du Vietnam, Travis Bickle, interprété par Robert de Niro, est chauffeur de taxi dans la ville de New

York. Ses rencontres nocturnes et la violence quotidienne dont il est témoin lui font peu à peu perdre la tête. Il se charge bientôt de délivrer une prostituée mineure, interprétée par Jodie Foster, de ses souteneurs avant de projeter d'assassiner un candidat à l'élection présidentielle.

Il développe une obsession pour la jeune actrice. Lorsque celle-ci projette de se rendre à l'université de Yale, John Hinckley décide également de se rendre au Connecticut dans la ville de New Haven. Ce qu'il veut, c'est être le plus proche d'elle pour espérer lui démontrer son amour. Il commence par faire passer des messages ou glisser des poèmes sous sa porte, avant de passer aux appels téléphoniques, mais sans succès. Il n'arrive jamais à entrer en contact avec Jodie. Ses efforts sont vains. John imagine donc des scénarios rocambolesques pour s'attirer les faveurs de l'actrice où tout au moins pour qu'elle puisse avoir connaissance de son existence, sans les mettre à exécution. Certains projets sont pour le moins étranges et révèlent la fragilité mentale du jeune homme : suicide devant son idole ou encore détournement d'un avion. Hinckley se persuade que la seule manière d'attirer son attention est de réaliser un acte très médiatique, un peu comme dans le film qu'il connaît par cœur, attenter à la vie du président des Etats-Unis.

Il décide de pourchasser Jimmy Carter d'Etats en Etats avant d'être arrêté à Nashville dans le

Tennessee. Sur lui, une arme à feu est saisie. Se trouvant de nouveau sans un sou, il décide de retourner chez ses parents. La dépression dont il souffre l'oblige à suivre un traitement et sa santé mentale se détériore de plus en plus, au grand désarroi de ses parents qui assistent impassible à la destruction de leur fils par la maladie. C'est en 1981 qu'il décide de s'en prendre au nouveau président qui vient d'être élu Ronald Reagan.

Pour attirer l'attention et justifier son geste en l'honneur de la femme qu'il croit aimer, John Hinckley décide d'écrire à Jodie Foster : « Ces sept derniers mois, je t'ai laissé des dizaines de poèmes, de lettres et de messages d'amour dans l'infime espoir que tu puisses développer de l'intérêt à mon égard. Bien que nous ayons parlé au téléphone quelques fois, je n'ai jamais eu le courage de simplement te rencontrer pour me présenter [...] La raison pour laquelle je vais faire cela est que je ne peux plus attendre une seconde de plus pour t'impressionner ».

Nous sommes le 30 mars 1981, le président Ronald Reagan sort de l'hôtel Hilton situé à Washington, capitale des Etats-Unis, où il donne une conférence, lorsque Hinckley s'approche de lui et tente de le tuer en tirant à six reprises avec un Röhm RG-14 de calibre 22. Aucune des balles ne touche Reagan directement, mais l'une d'entre elles ricoche sur la limousine aux vitres blindées avant d'atteindre sa poitrine. Les autres balles font d'autres blessés comme l'attaché de presse James Brady ou l'agent de police Thomas Delahanty, tout comme l'agent des services secrets affecté à la sécurité, Timothy Mc Carthy. John n'essaie même pas de fuir, il accepte d'être maîtrisé puis plaqué au sol pour qu'il soit procédé à son arrestation tandis que la limousine s'enfuit à vive allure pour transporter le président Reagan vers l'hôpital universitaire George Washington. Le président survit à sa blessure.

Lors de son procès en 1982, John Hinckley est reconnu non coupable des trente chefs d'inculpation pour raisons psychiatriques. Paradoxalement, tandis que le ministère public représenté par le district attorney (procureur) le déclare pénalement responsable, le comité des experts psychiatriques le désigne irresponsable.

Hinckley est interné à l'hôpital Sainte Elizabeth de Washington en attendant sa guérison pour une durée indéterminée. En 1999, les médecins lui autorisent des visites à l'extérieur en compagnie de ses parents. Suivront des visites plus longues un an plus tard. Mais à la faveur d'une fouille, les privilèges lui sont retirés, lorsque dans sa chambre des objets considérés comme fétichistes sont retrouvés, liés à l'actrice Jodie Foster.

Plus de trente ans après, John est toujours interné. Aucun espoir selon les médecins d'une guérison. Il souffre d'érotomanie, une pathologie fréquente et souvent associée aux stars. C'est une maladie durable dont certains ne guérissent jamais. Ce n'est que lorsque la star devient déchue ou accessible que le mythe disparaît… parfois ! Ce genre d'histoire défraye régulièrement la chronique, le topo est toujours le même : s'imaginer une vie toute autre, s'aventurer au plus près des peoples.

Même si certaines histoires ne se finissent pas tragiquement comme celle de Jack Jordan, qui, obsédé par l'actrice Uma Thurman, est condamné à trois ans de probation pour avoir envoyé des lettres enflammées avant de s'introduire à plusieurs reprises dans son domicile. Sa vision de vivre avec l'actrice de Kill Bill et ses deux enfants n'est pas dans les projets de l'artiste. Ce type de harcèlement dure tout de même deux ans.

Tout comme ce fan de Mylène Farmer qui se rend à la maison de disque Polydor pour rencontrer son idole, le 14 novembre 1991. Le standardiste lui dit que l'artiste n'est pas là mais refuse de lui donner son adresse privée. Mauvaise idée, il lui tire dessus avec un fusil et décède quelques heures plus tard.
Le plus célèbre reste sans doute Mark David Chapman qui décide d'assassiner John Lennon le 8 décembre 1980 de cinq balles de révolver au pied de son immeuble. Condamné à la prison à perpétuité, ses demandes incessantes de libération se soldent par des échecs à répétition. Le dernier juge lui donne même l'assurance que pour sa part, il ne remettra jamais en liberté l'assassin d'une idole… l'ex-membre des Beatles.

Les espoirs de John Hinckley restent vains à
jamais. En effet l'actrice Jodie Foster profite de la
cérémonie des Golden Globe en 2013 pour avouer
aux journalistes et professionnels du cinéma réunis
son homosexualité…

2016 – La bonne dame de Nancy

Le 3 mai 2016, la chaine France 3 diffuse le téléfilm « la bonne dame de Nancy » du réalisateur Denis Malleval. Cette fiction fait référence à l'affaire Simone Weber interprétée par Véronique Genest.

L'action se passe vers la fin de l'année 1981. Bernard Hettier (interprété par Yvan Le Bolloc'h), un homme séduisant âgé de 55 ans, retrouve Simone Weber, 52 ans, qu'il avait connue vingt ans plus tôt. Une relation sentimentale et charnelle se noue entre eux. Après quelques mois d'une passion brûlante, Bernard s'avère volage et Simone d'une jalousie maladive. Bernard n'entend pas lui rendre de comptes, et devant les intrusions de Simone dans sa vie, il reprend son indépendance.

Or Bernard Hettier disparaît le 22 juin 1985, et quinze jours plus tard, la police est alertée par ses proches. Ils sont immédiatement mis sur la piste de Simone Weber, tous les signaux de vie adressés par Bernard Hettier à ses proches ou son employeur étant des falsifications grossières orchestrées par Simone Weber. Une information judiciaire est alors ouverte et confiée au juge d'instruction Gilbert Thiel (interprété par Mathias Mlekuz).

Dans ce téléfilm tout le métier du réalisateur Denis Malleval, qui a déjà plus de 33 films à son actif. Dans « la diabolique de Nancy », on ne s'ennuie pas une seconde. Une bonne réalisation Un bon scénario. Véronique Genest, notre Julie Lescault nationale, apparaît dans un rôle de contre-emploi, presque méconnaissable, et relate avoir travaillé depuis deux ans sur le rôle de Simone Weber qu'elle n'a pas rencontrée. Elle nous montre une fois de plus toutes les facettes de son talent.

Dans le décor, les voitures sont d'époque, elles ont même leurs plaques d'immatriculation d'époque. Un souci du détail qui honore Malleval. Véronique Genest montre un grand talent presque aussi étonnant que celui de Muriel Robin lorsqu'elle avait endossé le rôle de la meurtrière dans « Marie Besnard, l'empoisonneuse »…

*
**

178

Simone Weber est née le 28 octobre 1930 à Ancerville, une commune située dans la Meuse, en région Grand Est, au sein d'une famille modeste et laborieuse. Son père est mécanicien, sa mère ouvrière. Le couple qui a quatre enfants ne s'entend guère. En 1933, il se sépare. La fratrie est divisée. Un frère et l'une des sœurs restent avec leur mère. Simone et sa cadette Madeleine sont élevées par leur père.

Les deux petites filles passent une enfance sans histoire. La complicité qui les unit leur permettra de vivre en bonne harmonie, à tel point, qu'elles épouseront chacune deux hommes qui sont également frères. Elles prendront toutes les deux le nom de Thiot. Simone met au monde cinq enfants, mais son mari se révèle très vite alcoolique invétéré. Le couple s'étiole et la jeune femme décide de se passer de cet homme qui la trompe quotidiennement avec des bouteilles d'alcool.

Seule et sans ressources, Simone passe de petits boulots en petits boulots. Sa personnalité est forte et sa verve inépuisable. Elle s'invente des professions diverses et valorisantes, mais a trouvé en réalité une activité inattendue pour une femme, elle retape des voitures d'occasion et en fait commerce. Travailleuse, courageuse, un peu menteuse, elle est victime d'un premier drame qui va opérer en elle un changement de comportement et d'attitude évident.

En 1968, sa fille Catherine 16 ans, décède subitement. Cette mort restera un mystère. La surdose de Théralène, un médicament prescrit pour des insomnies occasionnelles, qui a emporté la jeune fille est-elle due à un accident, à un meurtre ou à un suicide ? On ne le saura jamais. On ne cherchera d'ailleurs pas à le savoir, l'affaire est rapidement classée. Simone est secouée par cette mort. Elle en veut à la terre entière. Elle se proclame alors maoïste, (un courant du communisme développé en 1949 par Mao Zedong, chef du Parti communiste chinois, qui arrive au pouvoir en Chine) et se dévoue à ses idées révolutionnaires. La politique et les convictions peuvent être un palliatif pour une personne qui vient de subir un choc, mais un nouveau drame bouleverse une fois de plus sa vie. Son second fils de 22 ans se suicide d'une balle en plein cœur alors qu'il accomplissait son service militaire.

En septembre 1977, Simone Weber répond à une petite annonce matrimoniale publiée par Marcel Fixard, un militaire à la retraite de 76 ans, veuf et sans enfant. Simone n'a que 46 ans mais se vieillit volontairement et se fait passer pour une veuve sans enfant, professeur de philosophie à la retraite. Marcel Fixard est enchanté par cette rencontre. Quelques semaines plus tard, Simone s'installe chez le militaire à Rozières-aux-Salines, une commune de Meurthe-et-Moselle. L'objectif de Simone n'est pas du tout affectif mais bien financier. Pour arriver à ses fins, elle a une idée. Elle fait un testament en faveur de Marcel et c'est tout naturellement que le vieux monsieur va faire de même. Voilà donc Simone héritière à part entière du militaire. Du moins le croit-elle.

Le 22 avril 1980, le couple se marie dans la plus grande discrétion à Strasbourg, à une centaine de kilomètres de Nancy. Quand l'entourage du militaire apprend ce mariage, il fait part de son étonnement, puis devient perplexe lorsque, trois semaines plus tard, Marcel réputé être une force de la nature décède brusquement. Lorsque la succession de Marcel Fixard est ouverte, Simone a une surprise de taille. Marcel a modifié son testament et elle n'est plus son héritière. Qu'à cela ne tienne. Simone déclare au notaire qu'elle a un testament écrit quatre jours seulement avant le décès du défunt. Le notaire n'y voit que du feu. Simone hérite.

Durant l'automne 1981, elle rencontre Bernard Hettier. L'homme ouvrier dans une entreprise chimique est divorcé. Il multiplie les conquêtes. Mais rapidement, il se rend compte que sa liaison avec Simone est étouffante. Il décide de rompre, mais la délaissée ne l'entend pas de cette oreille. Car Simone est amoureuse et ne veut en aucun cas de cette séparation. Alors durant une année, le couple joue à « je t'aime, moi non plus » puis Bernard met définitivement fin à la liaison. Enfin il essaie…

Mais il n'en n'a pas fini avec son ancienne maîtresse. Durant trois ans, elle le persécute, le menace, le terrorise, l'épie, le jalouse, le guette, le suit. Elle se trouve toujours sur son chemin. Elle l'attend devant son travail, devant son domicile. Il la trouvera même à plusieurs reprises dans son lit alors qu'il a fait changer les serrures de son appartement. Pour Hettier menacé, c'est l'enfer. Il prend peur et se rend compte qu'il est tombé entre les pattes d'une véritable mante religieuse qui le tourmente sans cesse. Simone est toujours armée d'un fusil. Bernard est persuadé qu'un jour ou l'autre, elle tirera sur lui. Il confie ses craintes à ses amis et à ses propres enfants. Il n'en peut plus. A la fin du mois de juin 1985, la fille de Bernard Hettier est inquiète. Voilà plusieurs jours qu'elle n'a pas de nouvelles de son père. Elle ne peut le joindre au téléphone, l'homme ne s'est pas rendu à son travail et semble absent de son domicile. Le signalement qu'elle fait à la police reste lettre morte. Bernard Hettier a 55 ans. Il est majeur donc sa disparition peut être volontaire.

Désemparée, la jeune femme lance une Recherche dans l'intérêt des familles (RIF) et publie un avis dans la presse locale qui se compose ainsi : « M. Bernard Hettier né le 7 novembre 1930 à Nancy a disparu de son domicile le 24 juin. Il est employé chez Solvay à Dombasle et demeure rue Sainte-barbe à Maxéville. Voici son signalement : 1,75m, corpulence mince, yeux bleus, cheveux blond-gris. Suit ensuite la description de ses vêtements et le numéro d'immatriculation de sa R9 numéro 2754 SW 54. Pour toute information, avertir l'hôtel de police de Nancy. »

Les jours passent, cette annonce ne donnera rien. La fille de Bernard Hettier est persuadée qu'il est arrivé quelque chose de grave à son père. Plusieurs indices lui font craindre le pire. Elle interroge les voisins. Eux non plus n'ont pas revu Bernard. Un incident les a toutefois troublés. Ils ont aperçu Simone Weber rôder dans la nuit du 21 au 22 juin devant le domicile du disparu. Lorsqu'il rentre chez lui après son travail de nuit vers 5 heures du matin, Hettier reconnaît la voiture de Simone qui l'attend en bas de son domicile. Il fait marche arrière et va se réfugier chez l'une de ses anciennes maîtresses à qui il fait part de ses craintes. Il lui dit textuellement : « Je viens chez toi car Simone m'attend en bas de chez moi avec un fusil ». L'homme est terrorisé. Vers midi, il retourne à son domicile. Simone est toujours là. Hettier prend son courage à deux mains. Il rentre chez lui. Simone est sur ses talons. Une dispute éclate, cela interpelle plusieurs personnes du voisinage. Certains témoins entendent clairement les menaces de mort portées par Simone contre son ex-amant. A 13h15, les choses semblent s'être calmées. Simone regagne sa voiture et Bernard la sienne. Les deux véhicules se suivent. On ne verra jamais plus Bernard Hettier.

Monique Nuss, la nouvelle amie de Bernard l'attend pour partir en week-end. Mais elle reçoit un appel bizarre aux alentours de 18h50. Un informateur anonyme l'avertit que Bernard ne viendra pas, pris par d'autres occupations. Troublée par ce coup de fil énigmatique, Monique demande à son fils Didier de se rendre d'abord chez Bernard pour voir ce qui se passe. Didier Nuss apprend par les voisins l'altercation du matin. Il se rend alors à Nancy au 158, avenue de Strasbourg, chez Simone Weber car Bernard l'a toujours dit : « S'il m'arrivait quelque chose, c'est de ce côté qu'il va falloir chercher ». Didier Nuss se présente chez la femme Weber. Il sonne en vain. En sortant, il aperçoit la Renault 9 de Bernard garée à l'angle de la rue. Il rentre chez lui. Didier Nuss dort mal. Le lendemain il repasse devant le domicile de Simone. La voiture de Bernard n'y est plus. Soupçonneux, il alerte les filles d'"Hettier qui se rendent chez Simone Weber et demandent à visiter l'appartement. Celle-ci accepte. A première vue rien de suspect si ce n'est le tas de sacs-poubelle entassés dans un placard. De plus, la cuisine est inondée car la machine à laver a débordé.

Cet incident écourte la recherche. Simone admet avoir rencontré Bernard le matin du 22 mais affirme ne pas l'avoir revu par la suite. Comment expliquer la présence de la voiture de Bernard le soir devant son domicile ? Simone suppose que Bernard a décidé de l'épier à son tour ? Il y a une semaine que Bernard n'a plus donné signe de vie quand un fait nouveau trouble les cartes.

Le directeur des établissements Solvay à Dombasle reçoit par courrier un arrêt de travail de 7 jours concernant Bernard Hettier. Il prévient la famille.

Le document daté du 30 juin a l'air bizarre. Outre le numéro de sécurité sociale erroné, l'écriture et la signature ne sont pas celles de l'assuré. En outre, l'acte a été établi par un médecin installé en banlieue parisienne. La police se rend chez le médecin qui a établi l'arrêt de travail et là, les enquêteurs ont une surprise. L'homme qui s'est présenté chez le docteur est âgé d'une trentaine d'années. Rapidement les policiers mettent un nom sur le faux malade qui n'est autre que Pascal Lamoureux, mari de Brigitte, la fille de Simone Weber... Le parquet de Nancy ouvre une information judiciaire pour séquestration. Le juge qui est en charge du dossier s'appelle Gilbert Thiel, un homme de grande valeur qui va prendre son temps pour confondre la principale suspecte, une certaine Simone Weber. Sa priorité, ce n'est pas l'interpellation des suspects mais de retrouver la voiture de Bernard Hettier. Deux inspecteurs de police ont pris l'affaire en main.

Simone Weber est dans leur collimateur et ils ont remarqué des manies curieuses chez celle qui fait déjà figure de suspect et que l'on décrit comme une femme de tête. Simone quitte son domicile en pleine nuit et passe de mystérieux coups de fils à partir de cabines téléphoniques. L'enquête de voisinage apporte un élément tardif mais important.

Monsieur et Madame Hagg, les voisins qui résident en dessous de l'appartement de Weber, rapportent que celle-ci est venue leur poser une question pour le moins bizarre : « comment se sert-on d'un couteau électrique ? ».

Ils se rappellent également avoir entendu un bruit sourd « comme celui d'un corps qui tombe » au soir du 22 juin. Ils ont même l'heure exacte, 22h20. Ils se souviennent aussi avoir perçu le bruit d'une machine qui marchait par à-coups. « Un aspirateur qui ne se déplaçait pas dans la maison » racontent-ils. Les voisins qui sont des personnes âgées se montrent alors particulièrement curieux. Monsieur Hagg surveille la rue par sa fenêtre alors que son épouse monte la garde devant le judas de leur porte. Les deux témoins constatent que leur voisine fait de nombreux allers-retours chargés de plusieurs sacs-poubelle qu'elle a mis dans sa voiture. Mais pourquoi ne pas avoir fait part de toutes ces observations à la police plus tôt ? « On ne nous a rien demandé… » répondent les témoins. Le témoignage des voisins est curieux et inquiétant. Mais s'il conforte les enquêteurs dans leur conviction, ils le trouvent un peu exagéré.

Simone Weber est suivie en permanence par la police, mais celle-ci semble se jouer d'eux. Elle repère les policiers la plupart du temps et leur fait volte-face au moment le plus inattendu, un sourire aux lèvres. La suspecte est mise sous écoute téléphonique tout comme sa sœur Madeleine qui habite Cannes. Les échanges de conversation entre les deux femmes semblent anodins. Elles discutent de la pluie et du beau temps et de leurs rhumatismes, mais c'est une banale communication sur les numéros du loto qui va faire avancer l'enquête d'un grand pas. La combinaison communiquée par Madeleine s'avère être curieuse puisque parmi les numéros donnés, il y a des chiffres supérieurs à 49. En fait les numéros de loto donnés sont ceux d'une cabine téléphonique proche de son immeuble qui sera elle aussi mise sur écoute.

Dans leurs conversations revient également souvent le sort d'une certaine Bernadette. Bernadette qui pose quelques problèmes semble t-il : « il faut payer sa pension et lui trouver une nouvelle école" rappelle Simone à sa sœur. Bernadette est-elle une petite fille que les deux sœurs ont prise sous leur aile ? Bien sûr que non. Les policiers découvrent rapidement que Bernadette n'est autre que l'automobile de Bernard Hettier et qu'elle est cachée dans un box à voiture de Cannes. Voilà un élément compromettant et primordial, mais ça ne suffit pas, les policiers décident de ne pas agir et de continuer leurs écoutes téléphoniques pour en apprendre un peu plus.

Le 3 novembre, Simone ordonne à Madeleine de faire disparaître des objets compromettants comme le carnet de chèques et le passeport de Bernard

Hettier. Le juge pense que le moment de placer les deux femmes en garde à vue est venu même s'il n'a toujours aucun élément sur le lieu où pourrait se trouver le corps de Bernard Hettier ; car désormais, il en est persuadé, l'homme disparu est mort.

Le 8 novembre 1985, Madeleine est arrêtée au petit matin à Cannes. Durant la perquisition, les policiers trouvent la carte grise du véhicule d'Hettier, les clefs de sa voiture mais également la clef d'un garage. Lorsque les policiers trouvent le box à voiture, ils l'ouvrent et constatent la présence d'une R9 bleue. C'est la voiture de Bernard Hettier. Madeleine ne se démonte pas. Elle ne sait pas ce que font ces papiers et ces clefs chez elle, elle n'est pour rien dans cette histoire. Quelques heures plus tard, elle change de stratégie. Le 17 juillet, Hettier lui aurait demandé comme un service de garder sa voiture car il comptait s'absenter quelque temps. Où est-il ? Elle n'en sait rien. D'après ses dires, l'ex-amant de sa sœur s'est mis au vert « pour faire le point ».

Au même moment, Simone Weber descend les escaliers de son immeuble. Elle est munie d'une petite valise et s'apprête à rejoindre sa sœur Madeleine, à Cannes. C'est là qu'elle est interpellée à son tour. Simone Weber est mise en garde à vue. Son appartement fait l'objet d'une perquisition méticuleuse. On y trouve une carabine 22 long rifle chargée, appuyée contre la fenêtre. L'arme est munie d'un silencieux. Les fonctionnaires trouvent également une douille de cette même carabine percutée. Cela veut dire que l'arme a servi. Ils y trouvent aussi des documents compromettants comme des blocs d'ordonnances de différents médecins, des tampons officiels cachés dans une cocotte-minute, un testament de son ancien mari Marcel Fixard etc...

Mais ce qui va donner des frissons aux enquêteurs, c'est la présence insolite d'une meuleuse à béton louée pour trois jours le 21 juin 1985 et dont ils retrouvent le contrat de location. Il s'avère également qu'une semaine après cette date, Weber s'était rendue dans le magasin qui a loué la meuleuse et avait déclaré sa perte. Elle s'est proposée alors de rembourser la machine égarée. Pour les policiers et le juge, l'affaire est claire. Simone s'est servie de cette meuleuse pour découper le corps de Bernard Hettier, ce qui crédibilise le témoignage des voisins l'ayant vu transporter des sacs poubelle en quantité importante à cette époque.

Simone est dans de mauvais draps. Le mobile est tout trouvé. Elle n'aurait pas supporté sa rupture avec Bernard Hettier. Elle l'a tué d'un coup de fusil avant de le découper en morceaux. Le juge a d'autres éléments en sa possession. Il présente à l'accusée des lettres qu'elle a écrites à Bernard Hettier lui déclarant sa flamme puis son ressentiment à son égard. Simone Weber tient tête au juge. Elle ne dit rien, n'explique rien, elle n'a pas revu Bernard depuis la matinée du 22 juin. Pour la voiture, elle ignore tout.

Après plus de trente heures d'interrogatoire, elle lâche un petit quelque chose. Oui, la voiture d'Hettier est bien à Cannes, mais elle n'en sait pas plus. C'est Madeleine qui lui a raconté la visite de l'homme et évoqué « sa mise au vert » volontaire. Si elle n'a rien dit c'est qu'elle ne voulait pas porter préjudice à son ancien amant qui a bien le droit de vivre sa vie comme il l'entend. Les deux femmes sont mises en examen.

A Nancy, Simone l'est pour assassinat alors qu'à Cannes, Madeleine l'est pour complicité. Les deux femmes sont incarcérées. Les deux sœurs en prison, l'enquête continue. Les policiers prouvent que celui qui a prévenu l'amie de Bernard Hettier au soir du 22 juin est un ami de Simone. Il y a quantité d'éléments contre Simone Weber mais toujours pas de corps ni de preuves concrètes. Dans la foulée, le juge décide d'exhumer le corps de Marcel Fixard marié aussi rapidement qu'il est mort voilà quelques années. Fait troublant, la personne avec qui Simone s'est mariée ne correspond pas, selon les rares témoins de l'événement, à la description physique de Marcel Fixard. Marcel Fixard qui possédait une maison et n'avait pas d'héritier. Les policiers soupçonnent Simone d'avoir rédigé de fausses ordonnances et un faux testament en sa faveur.

Pire encore, Simone n'a peut-être pas épousé le vrai Monsieur Fixard mais un complice rétribué par quelques billets. Un abominable coup monté donc qui aurait permis à Simone d'hériter de la maison de son faux mari. Par contre, Marcel Fixard est peut-être mort assassiné car Simone Weber, grâce à une fausse ordonnance, s'est procuré de la digitaline un médicament pour le cœur qui peut s'avérer mortel en cas de surdosage.

Simone Weber a accompli un autre faux. Elle a falsifié un document administratif qui stipule que son mariage avec Marcel Fixard a eu lieu le 22 avril 1975 et non le 22 avril 1980. Cela pour écarter les soupçons à son encontre. Mais, le juge en est pour ses frais. En raison de l'état du corps, l'autopsie de Marcel Fixard ne permet pas de prouver que celui-ci est mort à cause d'un acte de malveillance. La fille de Bernard Hettier n'a pas abandonné son enquête. Même si elle sait que la police cherche de son côté, elle trouve un témoin qui lui révèle avoir vu Simone Weber le long du canal de Fougues durant la dernière semaine du mois de juin. Le témoin a été étonné car il était environ 4 heures du matin. Le juge prend ce nouveau témoignage au sérieux. Il fait assécher le canal sur plus de 2 Km. Les seuls éléments qui sont retrouvés, ce sont deux disques de meuleuse. Mais ils ne correspondent pas au modèle loué par Simone le 21 juin.

Le 15 septembre 1985, à Poincy dans la Marne, à plus de 350 Km du canal de Fougues, un pêcheur remonte une valise bouclée par une ceinture et lestée d'un lourd parpaing. L'odeur qui s'en dégage est insoutenable. Ce sont les gendarmes qui ouvrent la valise. A l'intérieur, des sacs-poubelle qui contiennent un tronc humain. Les résultats de l'autopsie révèlent qu'il s'agit d'un homme d'une cinquantaine d'année. Aucun signalement de disparition similaire n'a été fait dans la région. L'enquête piétine. Le juge Thiel s'intéresse à cette macabre découverte car Poincy se situe à moins de 50 kilomètres d'Epinay-sur-Seine la ville où réside la fille de Simone Weber. Cette fille dont le mari a obtenu un arrêt de travail au nom de Bernard Hettier.

En 1986, l'informatique et l'ADN en étaient à leurs balbutiements. Aujourd'hui, les choses auraient pu être réglées en quelques heures. Néanmoins, le juge agit avec les moyens de l'époque. Les médecins légistes comparent une radio du dos du tronc avec une radio ancienne de Bernard Hettier. Les similitudes sont troublantes certes, mais elles ne peuvent en aucun cas s'avérer concluantes. Autre « hasard ». Le groupe sanguin des restes est le même que celui de Bernard Hettier. Cependant, un élément à charge contre Simone Weber émerge. Sur le parpaing ayant servi à lester la valise, les gendarmes ont retrouvé quelques traces de peinture bleue. Cette peinture est identique à l'une de celles qui sont trouvées chez la suspecte. Elément oui, mais une fois de plus, preuve indirecte.

Le juge Thiel se fait fort de résoudre cette énigme. Il fera déférer Simone Weber 75 fois dans son bureau durant toute l'instruction. Il refusera ses 19 demandes de mise en liberté et lui imposera 62 mois de détention préventive. Simone Weber ne parlera jamais, ne dira jamais un mot pouvant la mettre en difficulté. Elle multipliera les procédures, changera 25 fois d'avocats avant de se voir signifier son renvoi devant les d'assises.

Ce 17 janvier 1991, la presse a délégué ses reporters pour que paraisse chaque jour le compte-rendu des débats qui risquent d'être houleux. Le public fait la queue devant la cour d'assises de Meurthe-et-Moselle pour assister au procès de Simone Weber, poursuivie pour 13 chefs d'inculpation. Sa sœur Madeleine, son gendre Pascal Lamoureux, et sa cousine Chantal Lapierre sont également dans le box des accusés pour complicité. Outre les diverses pièces à conviction présentées par le ministère public, le dossier de l'affaire trône en bonne place. Il comporte 18 000 pages. Pour l'opinion publique, Simone Weber est un monstre. D'ailleurs c'est elle qui le dira à la cour : « Vous avez fabriqué un monstre ! ». Durant ce procès de six semaines, le « monstre » va se battre bec et ongles. Ses avocats auront bien du mal à contenir ses ardeurs car d'entrée de jeu, c'est elle qui a décidé de mener les débats.

Lorsqu'elle apparaît dans le box des accusés, c'est un choc pour le public qui s'attendait à tout, sauf à découvrir cette petite femme au chemisier blanc et aux yeux d'une clarté intense. L'accusée hurle son innocence. Alors, Simone Weber est-elle un ange ou un démon ? Elle apparaît comme un personnage hors du commun qui va s'efforcer de semer le doute. On va la haïr et la plaindre. C'est elle, qui, à la surprise de ses avocats, récuse les jurés qui ne lui conviennent pas, c'est elle qui apostrophe les témoins, les traite de menteurs, de vendus, les injurie. Elle va jouer de toutes les cartes qui sont en son pouvoir.

Le président Nicolas Pacot qui mène les débats à une stratégie. Il laisse l'accusée intervenir à sa guise. Ce sera en fait désastreux pour elle. Charmeuse, troublante, se disant la victime d'un acharnement judiciaire, elle pleure, elle rit, elle insulte, éclate soudain dans une colère noire, frise l'hystérie. Quelle que soit la question qu'on lui pose, Simone Weber n'a qu'une réaction, elle nie. Les avocats de l'accusée jouent leur va-tout. Ils font remarquer à la cour que les accusations d'assassinat et d'empoisonnement manquent de preuves formelles. Bernard Hettier a tout simplement disparu, volontairement, comme des milliers de personnes le font chaque année alors que Marcel Fixard est tout simplement mort de vieillesse.

Six semaines de bagarres ont-elles à ce point épuisé Simone Weber ? Subitement, ce 28 février 1991, alors que nous sommes au dernier jour du procès et que les jurés s'apprêtent à délibérer, Weber est prise d'un malaise... Parce qu'il ne sait pas trop quoi faire d'elle, le président de la cour d'assises autorise son hospitalisation. Dix heures plus tard, le jury s'apprête à rendre public son verdict. Simone est revenue dans le box. Alors que le président va lire l'énoncé du jugement, Simone s'écroule. La principale accusée est transportée de nouveau à l'hôpital sous les huées de la salle. Le verdict, Simone Weber l'apprendra sur son lit d'hôpital.

Simone Weber est condamnée à 20 années de réclusion criminelle le 28 février 1991, pour meurtre sans préméditation. En revanche, elle est acquittée de l'accusation d'empoisonnement de Marcel Fixard. Sa sœur Madeleine est condamnée à 18 mois de prison ferme. Simone Weber est incarcérée à la prison pour femmes de Rennes. Elle sera libérée le 17 novembre 1999 après 14 ans de détention. Elle habite désormais Cannes avec son inséparable sœur et clame toujours son innocence. Jusqu'à son dernier souffle, elle se dira victime d'une erreur judiciaire et de l'acharnement d'un juge.

Le 3 mai 2016 France 3 diffuse un téléfilm de Denis Malleval inspiré de l'affaire Simone Weber « la bonne dame de Nancy » avec Véronique Genest dans le rôle principal. En mai 2017, Simone Weber demande à son nouvel avocat, Valéry Le Douguet, de lancer une demande de procédure en révision de sa condamnation criminelle. Simone Weber décède le 11 avril 2024 à l'âge de 94 ans, sans jamais avoir reconnu le meurtre de Bernard Hettier, dont elle avait été déclarée coupable par la cour d'assises de la Meurthe-et-Moselle en 1991.

2019 – La maladroite

Le 19 novembre 2019, France 3 diffuse un téléfilm de Éléonore Faucher « La maladroite », inspiré du calvaire subi par la petite Marina Sabatier, décédée sous les coups répétés de ses parents. Il s'agit d'une libre adaptation du livre d'Alexandre Seurat, publié en 2015, lui-même relatant les faits. La diffusion est suivie d'un débat pour essayer de comprendre ce qui s'est passé, pour expliquer comment les différents services de l'Etat et du département n'ont pas fonctionné.

Stella a 6 ans mais entre pour la première fois à l'école. Joyeuse, exubérante -un peu trop peut-être- c'est une enfant attachante, mais souvent absente. Santé fragile, se justifient les parents. Chutes par maladresse, explique Stella quand Céline, son institutrice, découvre des bleus suspects sur le corps de l'enfant. Alors maltraitance ou réel déficit immunitaire ? Le doute s'installe et hante ceux qui rencontrent l'enfant. Inquiète, Céline note chaque blessure jusqu'au jour où la famille déménage sans prévenir.

Elsa Hyvaert, qui incarne Stella Dubois pour la fiction, est particulièrement convaincante dans son rôle dont le téléfilm bénéficie d'une distribution éclatante avec Isabelle Carré dans le rôle de Céline Thibault, la maitresse d'école et directrice, Émilie Dequenne pour Emma Saugier, la seconde maîtresse d'école, sous le regard glaçant des parents Damien Jouillerot dans le rôle du père Sylvain Dubois, tandis que le rôle de la mère Laetitia Dubois, a été confié à India Hair. Tous deux sont parfaitement machiavéliques dans un absolu détachement.

Un téléfilm de grande qualité sur un sujet ô combien délicat : le comportement de Stella sème le doute sur sa maltraitance par son amour, malgré tout, envers les parents. On n'est pas dans l'esbroufe ou le spectaculaire, on est dans le vrai, le dur, le traumatisant. Et c'est parfaitement réussi : un choc, plein de pédagogie, pour une réelle prise de conscience. Bouleversant…

*

**

Nous sommes à Péronne dans le département de la Somme, le 27 février 2001, lorsque Marina voit le jour. Sa mère accouche dans le secret, couramment appelé « accouchement sous X », qui permet à une femme de laisser son nouveau-né aux soins des services de l'Etat et lui donne le droit de demeurer anonyme aux yeux de la société. Chaque année, environ 700 enfants naissent encore, sans filiation, sans identité, sans racine. Marina est une enfant non désirée.

Un mois plus tard, sa mère Virginie Darras récupère son enfant. Elle a renoué des liens avec son père biologique, Éric Sabatier. Leur séparation a commencé durant la grossesse alors que Virginie avait déjà un garçon né d'une précédente union. Avec Éric, Virginie Darras va donner naissance à quatre enfants après la naissance de Marina. Comment expliquer que la petite fille a été victime de violences à répétition depuis son plus jeune âge alors que ses frères n'ont jamais subi le moindre sévice ? Marina est âgée de seulement 1 an lorsqu'elle a son petit doigt tordu. Ses parents déclarent que c'est la chute d'une chaise haute qui en est la cause.

C'est également dans le département de la Somme que Virginie Darras voit le jour, le lendemain de Noël. Alors qu'elle n'est âgée que de six mois, elle est placée en nourrice toute la semaine jusqu'à ses trois ans. La nourrice est une femme sévère qui n'hésite pas à mêler claques sur les mains et fessées en guise d'éducation. Virginie est pourtant une enfant désirée par sa mère qui se marie alors qu'elle est enceinte de six mois. C'est l'aînée d'une fratrie de cinq enfants, quatre filles et un garçon, qui est malheureusement décédé d'un cancer à l'âge de 13 ans. Virginie aime beaucoup son frère et va prendre soin de lui et l'accompagner tout au long de sa maladie.

Les parents de Virginie sont des ouvriers agricoles, ils sont stricts pour le travail et l'éducation mais adorent leurs enfants et font tout pour qu'ils ne manquent de rien. Le père est un idéaliste protecteur avec qui la petite Virginie passe de bons moments. Pourtant, un jour, sans que la petite Darras ne puisse l'expliquer son père commence à être attiré par la boisson. Dans les mauvais jours où l'alcool fait rage, il lui arrive de battre son épouse pour tout et n'importe quoi. Sans doute dans un accès de lucidité, le père finit par se pendre. Sans doute n'aimait-il pas ce qu'il était devenu.

Pour ce qui est de sa mère, Virginie n'a pas vraiment le souvenir d'une maman aimante. Aucun câlin ou si peu, elle n'a jamais entendu sa maman lui dire : « Je t'aime ! ». Virginie ne manquait de rien, sinon de l'amour de sa mère, sans doute une jalousie vis-à-vis de la complicité qu'elle entretenait avec son père. Ses frères et sœurs avaient tous les droits, mais elle devait rester à la maison, aider sa mère. Se développent de plus en plus des carences affectives et éducatives majeures, une phobie du dehors, des regards, de la foule. Elle souffre d'une anxiété qui remonte à l'enfance. Et une forte « mésestime de soi ». Virginie dira qu'elle a été violée à l'âge de 15 ans, sans jamais révéler l'identité de son violeur. Elle ajoute qu'avant cela elle a subi des attouchements sexuels de la part d'un voisin de ses parents. Elle n'est pas assez proche de sa mère pour le lui dire. Impossible de le dire à son père qui avait déclaré à plusieurs reprises à qui voulait l'entendre : « Si quelqu'un touche un cheveu de mes filles, je le tue ! »

Virginie a une scolarité pour le moins difficile, elle veut devenir auxiliaire puéricultrice et s'occuper d'enfants, mais sa mère qui remplit la fiche de vœux l'inscrit en formation vente. La jeune fille commence donc un Brevet d'Etudes Professionnelles (BEP) avant d'arrêter l'école. C'est à l'âge de 19 ans qu'une dispute éclate avec ses parents. Virginie est chassée du domicile familial et s'installe dans une maison que les parents de son compagnon lui prêtent. En échange elle participe aux travaux de la moisson et aux différentes tâches « au noir » dans l'entreprise du père du compagnon.

Nous sommes au mois de mars 2000, lorsque Virginie donne naissance à un garçon issu de sa relation avec son compagnon et dont le mariage est prévu au mois de juin prochain. Tout est prêt pour les noces, la robe de mariée est déjà achetée. Pourtant, au printemps, Virginie Darras rencontre Eric Sabatier, c'est le coup de foudre immédiat. La jeune femme est attirée par son humour et sa façon de parler. Virginie décide de tout plaquer pour suivre son amant à Nanterre, dans le département des Hauts-de-Seine. A la fin du mois de mai elle est enceinte de Marina et décide d'épouser Eric Sabatier, le 28 octobre 2000.

Au même titre qu'un feu de paille, l'euphorie de cet amour rapide est de courte durée et s'écroule comme un château de cartes. Virginie rêve depuis le début d'acheter une maison, mais s'aperçoit que son mari Eric lui a menti au sujet du prêt bancaire. Son rêve de maison s'écroule brutalement. Elle prend une décision radicale, celle de retourner vivre chez ses parents en déclarant à Eric : « Tu le paieras toute ta vie ! ».

Eric Sabatier n'arrête pas de relancer sa femme pour reprendre la vie commune mais continue de lui mentir au sujet notamment de son travail. Ses parents et elle, ne comptent plus le nombre de fois où ils le mettent à la porte. Virginie se sent humiliée par ses mensonges. C'est dans cette période trouble que la relation se noue et se dénoue, au rythme des humeurs et des promesses enroulées de mensonges. Virginie envisage une Interruption Volontaire de Grossesse (IVG), mais le délai légal est largement dépassé. C'est dans ce contexte que naît Marina, sous X, le 27 février 2001. Suivront au moins six grossesses. Avec un enfant mort-né et une autre IVG. Pour cette maternité, la mère de Virginie l'a accompagnée. Elle annonce à sa famille et au père que l'enfant est mort-né pour cacher sa décision d'accoucher sous « X ». Pourtant, un mois plus tard, Virginie change d'avis et vient rechercher sa fille pour des raisons qui restent ambiguës. Des remords ? Se sentir obligée d'assumer ses actes plutôt que la honte ? Mais aussi le désir d'avoir cette « petite ». Difficile à dire.

Pourtant dès que Virginie récupère sa fille, une sorte de malaise s'installe, elle considère la nouveau-née comme une étrangère. Jusqu'au prénom de Marina choisi à la hâte et qui, selon ses connaissances, était surtout l'enseigne d'un bistrot qu'elle aimait fréquenter. Virginie éprouve beaucoup de difficultés à jouer avec sa fille. Les moments de complicité qui le plus souvent apparaissent aux premiers jours, aux premiers sourires et aux premiers rires, ne viennent pas. Elle éprouve aussi des problèmes pour la nourrir correctement. Pour elle, Marina est le résultat d'un échec de sa relation avec Eric Sabatier.

L'accouchement sous X était le moyen de ne plus avoir de contacts avec cet homme. Dont elle accepte finalement le retour. Et qu'elle suit de nouveau à Nanterre. Des deux premières années de vie commune avec Eric Sabatier, Virginie Darras ne livre pas beaucoup d'éléments. Certes, elle était contente de retrouver sa fille Marina, au début, mais au fil de leur relation, elle n'en voulait plus. Tel un jouet qu'on utilise quand on en éprouve le besoin et qu'on laisse dans un coin, lorsqu'on a terminé.

Inconsciemment, Virginie rejette sur sa fille Marina tous les reproches qu'elle fait à son père Eric Sabatier. Elle avoue d'ailleurs le regret d'avoir récupéré sa fille. Laissée aux bons soins de l'Aide Sociale à l'Enfance (ASE), sans doute celle-ci aurait-elle eu la chance d'être adoptée par une famille d'accueil. Alors que Marina est âgée de deux ans et demi, les sévices commencent.

Il aurait pourtant fallu à Virginie Darras de pouvoir se rapprocher des services sociaux pour obtenir de l'aide, aussi bien psychologique que financière. Elle déclare à plusieurs reprises qu'elle ne connaissait pas cette possibilité, contredite par les directions des écoles fréquentées par ses enfants et les rappels après chaque signalement supposé de maltraitance. En 2004, lorsque le père de Virginie se suicide, elle rompt les relations avec sa mère après trois mois, choquée sans doute que cette dernière a déjà refait sa vie avec un autre compagnon. Un éventuel lien avec le début de maltraitance sur Marina ? Mais les coups ont débuté avant le décès du grand-père.

La maltraitance ne s'arrête jamais, elle est quasi-quotidienne : douche froide, mise de la tête sous l'eau dans une baignoire jusqu'à suffocation. Pendant plusieurs jours la petite Marina est privée de nourriture, ce qui développe chez elle une boulimie. D'autres « punitions », comme marcher les pieds nus dépourvus de chaussures sur un sol rugueux et souvent froid, avec un sac trop lourd pour elle, placé sur ses épaules. Marina était souvent attachée sur son lit, bâillonnée avec du ruban adhésif. C'est aussi durant cette période que Virginie Darras décide d'accueillir dans l'appartement familial qu'elle partage avec Eric Sabatier, l'enfant qu'elle a eu de son premier amour et dont les noces ont été annulées.

C'est durant l'été 2006 que la famille décide de quitter Nanterre. Éric Sabatier, Virginie Darras et leurs enfants vont habiter dans plusieurs villages des départements de la Mayenne et de la Sarthe. Virginie aura des relations extra-conjugales, notamment avec un voisin lorsqu'ils habitent à Saint-Denis-d'Orques situé dans le département de la Sarthe, peuplé de 754 habitants. Ce dernier d'ailleurs va venir s'installer avec eux pour un ménage à trois à Coulans-sur-Gée, toujours dans la Sarthe. Virginie Darras se retrouve enceinte et forcément un doute sur la paternité apparaît. C'est une analyse ADN qui va attribuer à Eric Sabatier, cette paternité.

Virginie Darras n'a pas de permis de conduire et laisse sa carte bancaire à son mari, elle déclare ne voir personne à part ses voisins, elle se présente comme une femme soumise bien que son mari Eric Sabatier la présente surtout comme une femme manipulatrice. Sa mère la considère « têtue », tandis que son premier compagnon la qualifie de « nymphomane et jalouse ». Difficile de savoir si ce sont ces traits de caractère qui définissent les sévices portés à sa fille Marina, pourtant tout le monde s'accorde à dire que Virginie aime quand tout est fait à « sa manière ». Virginie Darras veut tout savoir des faits et gestes de son mari, ses horaires de travail, ses trajets, ses rencontres. Selon une assistante maternelle de l'école de Parennes cela devient même maladif. Les voisins racontent des scènes d'hystérie, d'une véritable tornade, notamment au sujet de Marina.

C'est en 2007 dans cette école de la commune de Parennes, dans la Sarthe, que commence des signalements de la part du médecin scolaire aux services sociaux après que ce dernier a constaté des marques assimilées à des sévices. Le médecin demande à consulter le carnet de santé, mais Éric Sabatier déclare qu'il a été perdu dans un déménagement. A la place, il fournit un certificat regroupant les différentes vaccinations de Marina ce qui s'avérera être un faux, sans doute fabriqué avec des photocopies des carnets des autres enfants.

Un nouveau déménagement a lieu en mai 2008. La famille habite la commune de Saint-Denis-d'Orques. Une fois de plus, lorsque Marina est admise à l'école, d'autres soupçons apparaissent. La directrice décide de se renseigner sur cette petite fille et reçoit de la part de la directrice de l'ancienne école de Marina les informations recueillies à l'époque de la maltraitance. La directrice de l'école de Saint-Denis-d'Orques demande au médecin d'examiner Marina. Ce dernier la rejoint dans sa démarche de signaler une nouvelle fois le cas de la petite fille aux services sociaux, le parquet est saisi.

Au mois de juillet 2008, le parquet décide de faire examiner Marina par un médecin légiste qui ne dénombre pas moins de 19 lésions sur le corps de la fillette. Les parents interrogés, réussissent à justifier chaque blessure par des accidents domestiques, insistant sur le fait que Marina est très maladroite. L'enquête se poursuit et Marina est entendue par deux gendarmes, seule, le 23 juillet 2008, en espérant qu'elle ne subira pas l'influence de ses parents durant ses déclarations. L'entretien est intégralement filmé, il montre une petite fille très sage, un peu petite pour son âge, souriante et vive. Elle a une explication pour chaque blessure qu'elle raconte parfois avec des éclats de rires. A aucun moment elle n'accusera ses parents du moindre sévices. On apprendra plus tard que Virginie aurait dit à sa fille qu'elle « ne nous reverrait plus et qu'on pourrait aller en prison » si elle parlait aux gendarmes.

Les différents témoignages recueillis par les enquêteurs et les services sociaux sont unanimes pour conclure que Marina continue d'aimer ses parents. Les mensonges que la fillette invente sont destinés à les protéger. Les gendarmes ne trouvent pas l'intérêt de rencontrer les fonctionnaires des différents services sociaux et scolaires qui sont à l'origine des signalements et, comme on pouvait s'y attendre, l'enquête du parquet est classée sans suite le 10 octobre 2008.

Les services de l'Aide Sociale à l'Enfance (ASE) de la Sarthe découvre le 9 mars 2009, les conclusions de l'enquête du parquet du Mans. Pourtant, en avril 2009, les services décident de diligenter une nouvelle enquête d'évaluation après un nouveau signalement du directeur de l'école. Le document envoyé par l'école mentionne « un absentéisme répété et injustifié, de petites blessures inexpliquées et un comportement boulimique ». Une fois de plus la famille a déménagé et Marina fréquente une nouvelle école dans la commune de Coulans-sur-Gée. Une fois de plus, impossible d'obtenir le carnet de santé, ni les différents documents sur le passé médical de la fillette.

C'est le 27 avril 2009 que la directrice de l'école et le médecin scolaire décident de conduire Marina aux urgences de l'hôpital. Cette dernière revient de vacances et souffre de graves blessures aux pieds. Son hospitalisation va durer 5 semaines. Durant tout ce temps, la petite Marina n'aura pratiquement jamais la visite de ses parents. Les médecins et infirmières essaient de trouver une explication médicale à l'état de santé de Marina et décident de faire un signalement, encore un, aux services sociaux qui confirment bien les soupçons de maltraitance. Pourtant la fillette est renvoyée dans sa famille le 28 mai 2009, devant l'incompréhension de l'école et du médecin scolaire.

Pourtant, une enquête de l'ASE a démarré le 25 mai 2009 et une assistance sociale chargée de l'enquête, accompagnée de la puéricultrice, rendent visite au domicile des Sabatier. Les deux femmes sont accueillies avec beaucoup de gentillesse, se trouvant face à des parents qui ne comprennent pas ce harcèlement incessant qui met en doute l'éducation qu'ils donnent à leur fille Marina. Pour eux, l'école est responsable de ces accusations, Marina a une santé fragile. Elle est maladroite et parfois indisciplinée, comme les enfants de son âge. Ces petits défauts suffisent à fournir les soupçons de maltraitance. Ce sont des parents qui se disent aimant pour leurs enfants et toujours à l'écoute de leurs besoins. Le rapport ainsi rédigé est sans équivoque et clôt une fois de plus le signalement : « Aucun élément de danger, avec des enfants détendus et souriants… »

Nous sommes le 9 septembre 2009, Eric Sabatier prévient la gendarmerie. Lui et sa femme sont sur un parking Mac Donald. Pendant qu'ils étaient partis chercher de quoi manger pour faire plaisir aux enfants, alors que ces derniers sont restés au domicile, Marina, qui a insisté pour venir, est restée dans la voiture. A leur retour la fillette est introuvable. Tout est mis en œuvre pour retrouver la petite Marina. Une « alerte enlèvement » est même déclenchée (véritable outil d'enquête, le plan Alerte enlèvement, mis en place en France en 2006, vise à envoyer de façon massive à la population un message en cas d'enlèvement d'enfant. Son déclenchement permet la diffusion rapide, sur l'ensemble du territoire national, d'informations précises dans le but de retrouver l'enfant le plus rapidement possible. C'est le procureur de la République territorialement compétent qui prend la décision de déclencher ou non une Alerte enlèvement).

Au fur et à mesure des recherches, les gendarmes ont des doutes sur les déclarations des parents. Certes, ils paraissent tous les deux affectés, mais on relève beaucoup de contradictions dans leurs propos. Les enquêteurs décident donc d'entendre Virginie Darras et Eric Sabatier séparément. Leur manque de coopération, reprochant aux gendarmes de ne pas tout faire pour retrouver leur fille, et l'incohérence des faits durant la soirée, les obligent à placer le couple en « garde à vue ».

Deux jours après avoir déclaré sa fausse disparition, acculé par les preuves et les témoignages, le père craque et mène les enquêteurs jusqu'au corps de la fillette. Celui-ci est placé dans un container, enroulé dans un drap entouré de dix sacs poubelle, dans une malle où du béton a été coulé, cachée dans un local technique d'une entreprise d'assurances. Durant les aveux, Éric Sabatier déclare que Marina est décédée durant la nuit du 6 au 7 août 2009, après une série de sévices particulièrement brutaux qu'il a infligés à la fillette, avec son épouse Virginie Darras.

Pour terminer, avant le début de la nuit, Marina est laissée nue dans la cave. Selon Virginie, la fillette a prononcé ces dernières paroles : « J'ai mal à la tête, au revoir maman, à demain… ». Pourtant lorsqu'elle est interrogée, Virginie tente de minimiser son rôle dans la mort de sa fille et de cette soirée fatale.

Le procès d'Éric Sabatier et Virginie Darras s'ouvre devant la cour d'assises de la Sarthe, le 11 juin 2012. Des membres de la famille de Virginie et Éric se sont portés partie civile, surtout pour obtenir des réponses. Un fait inédit jusqu'à présent : des associations de protection de l'enfance, en France, rejoignent le banc des parties civiles. Selon les avocats des associations, il est important de pouvoir « marquer le coup » pour que l'hypocrisie et l'aveuglement ne perdurent.

Plusieurs témoins sont interrogés durant les débats pour essayer de comprendre le cheminement de l'affaire et les différentes alertes qui n'ont pas été ou si peu entendues. Les services de l'Aide Sociale à l'Enfance sont montrés du doigt mais le président Jean-Marie Geveaux du Conseil Général (à l'époque, devenu Départemental) défend ses agents et monte au créneau dans une note rédigée et publiée dans la presse, rappelant que c'est bien le parquet lors de la première enquête qui a classé l'affaire. Les associations de défense s'insurgent contre cette manipulation orchestrée pour démontrer à tous : « Ce n'est pas moi ! C'est lui ! ». Les déclarations des parents accusés n'apportent pas beaucoup d'éléments sur l'origine de cette violence. Certes ils reconnaissent les faits, mais sont incapables d'expliquer précisément ce qui a été l'élément déclencheur. Pourquoi la petite Marina et pas les autres enfants ? Durant le procès, deux faits importants se sont produits. D'abord la diffusion de l'entretien entre Marina et les gendarmes qui ont particulièrement ému les jurés et l'assistance. Puis, comme une envie de mieux comprendre le récit, le témoignage à la barre du demi-frère aîné de Marina, désormais âgé de 13 ans. Il exprime beaucoup de rancœur envers ses parents pour lui avoir demandé de mentir durant toutes ces années à l'entourage mais également aux différents services qui ont enquêté. A l'époque, on lui a expliqué que tout ceci était normal.

Virginie Darras sanglote à la vision du document et au témoignage de son fils ce qui provoque à plusieurs reprises l'agacement du président Roucou de la cour d'assises : « Je vous rappelle madame, que vous n'êtes pas là pour des gifles ou des coups de poings ! Cessez un peu de pleurnicher, les faits sont horribles et pourtant vous ne vous en souvenez pas […] Si les enfants ne parlent pas, on ne sait pas. N'a-t-on pas vu que la partie visible de l'iceberg ? »

Pour défendre sa cliente, son avocat déclare à plusieurs reprises que la souffrance qu'elle éprouve d'avoir pris conscience de ses actes lui donne l'impression « d'être loin de la douleur, de la colère et de la désolation » que ressent la salle de la cour d'assises devant les détails de ses crimes. Virginie Darras ose murmurer avec honte : « J'ai conscience des actes qui me sont reprochés. J'ai réalisé l'horreur de ce que j'ai fait et de ce que j'ai laissé faire. Je ne comprends toujours pas. Il n'y a pas une seule journée, une seule nuit, où je n'y pense pas, où je ne revois pas ma fille... ». La psychiatre qui l'a rencontrée à plusieurs reprises, en prison, déclare que durant leurs échanges, Virginie Darras a surtout évoqué le décès de son père et de son frère, et une forte émotion pour le placement de ses enfants depuis son arrestation. Pour ce qui est des actes qui ont provoqué la mort de Marina, aucune émotion sur le déroulé de la soirée meurtrière. Marina n'était que la victime d'une sorte de « conjugopathie » parentale, une spécificité qui se décrit par la poursuite d'un lien conjugal dans un couple en crise ou séparé, qui prolonge indéfiniment son conflit à travers ses enfants communs.

Au terme d'un délibéré de près de quatre heures, la cour d'assises de la Sarthe a condamné, le 26 juin 2012, Éric Sabatier, âgé de 40 ans, et Virginie Darras âgée de 33 ans, à 30 ans de réclusion criminelle assortie d'une peine de sûreté de vingt ans. Éric Sabatier meurt en prison en septembre

2016 d'un cancer foudroyant à l'âge de 44 ans. Pour Virginie Darras, il faudra qu'elle attende 2029 pour espérer avoir une liberté conditionnelle, mais ses enfants auront grandi bien loin d'elle. Auront-ils encore envie de la voir ?

En 2020, la France a été condamnée par la Cour Européenne des Droits de l'Homme (CEDH) saisie par plusieurs associations des droits de l'enfant. La Cour européenne des droits de l'Homme estime que la France a violé l'article 3 de ce traité international, entré en vigueur en 1953, par son inaction de protection qui rappelle l'interdiction de la torture, les traitements inhumains ou dégradants…

2022 – Deux femmes

Le 28 février 2022, la réalisatrice Isabelle Doval, nous livre son histoire basée sur l'un des scandales judiciaires peu connu et qui a pourtant causé beaucoup de tort à une femme accusée injustement Monique Case. Le véritable meurtrier, Ernest Rodric a simplement assassiné le banquier, Georges Segretin, qui venait lui annoncer un nouveau prêt refusé par la banque.

En 1965, Monique Case, qui revendique sa liberté de mœurs, est accusée à tort par des flics misogynes. Elle va être sauvée de la guillotine par une juge d'instruction timide et réservée qui choisit de se rebeller contre le machisme de la hiérarchie judiciaire et de l'époque…

C'est l'actrice Odile Vuillemin qui interprète le rôle de Monique Case (Colette Chevreau dans le téléfilm). Il s'agit d'une fidèle reconstitution qui montre habilement le combat que les femmes devaient mener dans les années 1960, pour pouvoir assumer leur liberté. Le commissaire André Faureins interprété par Aurélien Recoing est parfaitement odieux dans son enquête qu'il décide de mener exclusivement à charge. Il faudra la détermination d'une jeune juge d'instruction, Anne-Marie Leroux jouée par Agathe Bonitzer pour découvrir la vérité.

Critiquée par le voisinage pour ses mœurs dissolues, Colette est dénoncée à tort par un ex-amant policier voulant se venger d'elle et protéger ses arrières. Mais Colette ne peut fournir un alibi tangible, car au moment du crime, elle participait à un avortement clandestin. Dire la vérité reviendrait à mettre en péril tout un réseau de médecins et de patientes, car l'avortement constituait encore un crime passible de lourdes peines dans la France des années 1960. Le tournage a lieu en février 2021 dans la région des Hauts-de-France notamment à Roubaix où c'est l'hôtel de ville qui sert de décor pour les scènes tournées au palais de justice.

*
**

Cette histoire aurait pu très mal se terminer pour Monique Case et fait partie à ce jour des 9 erreurs judiciaires reconnues officiellement par la justice. La France est déjà en émoi avec l'affaire Mehdi Ben Barka, un homme politique marocain principal opposant socialiste au roi Hassan II.

Le 29 octobre 1965, alors que Ben Barka se rend à un rendez-vous à la brasserie Lipp, à Paris, il est enlevé et sans doute assassiné, mais son corps ne sera jamais retrouvé. Les milieux judiciaires et médiatiques sont particulièrement remués, il est de plus en plus difficile de contenir un possible scandale politique. L'affaire du Bois Bleu tombe à pic. Quoi de plus évident pour les pouvoirs politiques que de « persuader » les policiers d'occuper la presse sur une autre affaire ?

C'est le 4 novembre 1965 que cette terrible affaire commence dans un petit bois que l'on appelle « Le Bois Bleu » situé à une vingtaine de kilomètres de La-Guerche-sur-l'Aubois dans le département du Cher, en région Centre-Val de Loire. Deux bucherons se rendent au travail, leur regard est attiré par un véhicule calciné dans un taillis de bouleaux, apparemment une 2CV de marque Citroën. Ils s'approchent et découvrent sur le siège conducteur une masse qui semble être un corps, lui aussi calciné. Les deux hommes décident de prévenir les gendarmes avant d'aller travailler.

Grâce aux restes de la plaque d'immatriculation et à l'identification du numéro de châssis, les gendarmes arrivent jusqu'au propriétaire de l'automobile, un certain Georges Segretin âgé de 54 ans. Ils sont au courant de la disparition de cet homme depuis deux jours après qu'il a quitté l'agence bancaire de la Société générale de La Guerche dont il est le directeur. Sitôt connue, la nouvelle fait un fracas du tonnerre de Dieu dans le pays. A l'époque, La Guerche comptait environ 4 000 habitants, c'était le chef-lieu du canton, située sur la route nationale 76 à la limite du Nivernais et du Berry, à une vingtaine de kilomètres de Bourges. On peut donc dire que La Guerche n'est pas ce qu'on peut appeler « un petit trou de campagne ». C'est plus exactement comme une longue rue commerçante située dans la campagne.

Outre les différents commerces de proximité comme la boulangerie, la boucherie ou encore la quincaillerie, établissements qui disparaissent peu à peu de nos campagnes, il y a un commerce qui symbolise à lui seul le témoignage d'une période passée : une boutique photographique dont Monique et René Case sont les propriétaires. Un matin, quelques jours après le crime supposé et relayé par la presse, Monique Case lit son journal comme beaucoup d'habitants le font chaque jour pour se tenir au courant de l'affaire. Monique Case est pour le moins surprise. Dans l'article, elle découvre le témoignage d'une femme qui déclare avoir vu la 2CV le 2 novembre 1965, jour supposé du crime, aux environs de 18h00 à 20 kilomètres de Guerche.

Depuis la vitrine de son commerce de photographie, Monique Case a pourtant vu, au jour et à l'heure mentionnés dans le journal, la voiture bleue de monsieur Segretin garée dans la rue principale de La Guerche. Elle décide alors de se rendre au commissariat pour apporter son propre témoignage. Monique Case, espère aider les gendarmes, c'est là que ses ennuis commencent. Monique est née le 25 juin 1939 à Commentry, une commune du département de l'Allier. Elle fait ses études à Montluçon, toujours dans la même région, et obtient la première partie de son bac à l'âge de 15 ans. Elle décide de se marier deux ans plus tard, à l'âge de 17 ans avec, René Case, un ouvrier photographe, tandis qu'elle exerce la profession de vendeuse dans un magasin de chaussures. Leur rêve naturellement est de pouvoir posséder leur propre commerce. Le 1er juin 1957, c'est chose faite. Ils ouvrent leur boutique de photographies entre le bistrot et le coiffeur, dans la grande rue de La Guerche.

Monique Case n'est pas très appréciée du village de Guerche, pour plusieurs raisons qui aujourd'hui pourraient faire sourire. D'une part, elle vient de Montluçon, c'est une étrangère. Toujours bien coiffée et bien apprêtée, les autres femmes pensent qu'elle n'est pas faite pour la campagne, c'est plutôt une fille de la ville. Si madame Case est une citoyenne intègre, elle se trouve néanmoins précédée par sa réputation de femme aux mœurs un peu trop libres pour l'époque. Dans cette commune d'à peine quelques milliers d'habitants, son franc-parler et son apparence soignée font d'elle la cible de tous les ragots. Sa liaison supposée avec un gendarme alimente les rumeurs qui éclatent alors au grand jour. Très vite, certains murmurent que les amants pourraient bien être les auteurs du meurtre de Georges Segretin. Trop élégante et surtout trop changeante, la plupart du temps brune, elle n'hésite pas à se teindre en blond en fonction de ses envies ou gouts vestimentaires. A cette époque où la femme se faisait encore discrète, ne bénéficiant pas encore des mêmes droits que les hommes, elle était vivement critiquée pour son franc-parler. Elle était cataloguée « voleuse de mari ».

Juste après le crime, une douzaine de policiers débarque à La Guerche. Apparemment ce ne sera pas la gendarmerie qui va enquêter, bien qu'elle apporte son aide, connaissant mieux le secteur. C'est le Service Régional de la Police Judiciaire (SRPJ) d'Orléans qui débarque. Les flics s'arrangent bien pour que tout le monde en soit conscient, jouant les « gros bras », révolvers en bandoulière sous les aisselles, qu'on ne cherche pas à cacher, bien au contraire ; un avertissement à la population pour dire : « On arrive ! Et l'on va trouver le coupable ! ». Sans doute que la maréchaussée est trop proche de ses habitants, incapable peut-être de prendre le recul nécessaire pour appréhender le coupable, surtout s'il s'agit d'une personne connue de tous. Ces policiers qui jouent les « incorruptibles » veulent résoudre au plus vite une affaire pour laquelle ils manquent cruellement d'éléments. Les rumeurs qui leur parviennent trouvent alors une oreille attentive auprès du commissaire Ayala, qui dirige l'enquête

On a toujours pour habitude de dire que « lorsqu'on aime plus son chien, on l'accuse de la rage... ». Ça vaut aussi pour se débarrasser d'une personne qui ne fait rien de mal mais qui pourrait faire. Les cancans et les qu'en-dira-t-on vont bon train et, faute de mieux, on commence à murmurer que Monique Case pourrait être l'auteur du crime avec son amant le gendarme Barrault, avec qui elle entretient une relation officiellement amicale.

Les policiers convoquent donc Monique Case pour connaître son emploi du temps le jour du crime. Elle déclare une matinée normale entre le magasin, s'occuper des enfants pour l'école, quelques tâches ménagères et la préparation du repas pour le midi avant d'aller à l'école rechercher les enfants. L'après-midi, elle ne cache rien aux enquêteurs, elle s'est rendue à Bourges avec Barrault à l'aérodrome pour assister aux décollages et aux atterrissages des avions. Ils sont ensuite rentrés à La Guerche. C'est à cette heure-ci, vers 18h00, que Monique Case a remarqué le véhicule de Georges Segretin. Ensuite, accompagnée de son mari René, elle est sortie prendre l'apéritif au bistrot du village « Le cheval blanc », comme ils le font souvent. Cela leur permet de se retrouver un peu pendant que les enfants restent à la maison.

Afin de confirmer son alibi, les policiers interrogent le gendarme Barrault. Ce dernier répond que ce jour-là, il se trouvait à Saint-Amand, sans doute pour tenter de faire taire les rumeurs qui circulaient au sujet des relations amicales qu'il entretenait avec Monique Case. Il sera démontré bien plus tard que madame Case n'avait pas menti et que, voulant protéger son mariage, Jules Barrault s'était empêtré dans un faux témoignage qui va s'avérer lourd de conséquences. Interrogatoires humiliants, vindicte populaire, presse déchaînée et manipulations de la part des enquêteurs vont mener à l'inculpation de Monique Case et de Jules Barrault qui sont incarcérés et risquent tous deux la guillotine.

A la fin du mois de novembre, la police vient chercher Monique Case, officiellement pour un interrogatoire d'un quart d'heure qui a duré trente-six heures. On l'a relâchée, mais, de ce jour-là, on a commencé à jaser un peu plus fort dans le pays. On chuchotait dans-le dos de Monique. On la regardait drôlement. A l'école les enfants refusaient de jouer avec son fils aîné, Hervé, sous le prétexte que sa mère allait être bientôt emprisonnée.

Le mardi 18 janvier 1966 en début de soirée, Monique Case est occupée à faire dîner ses enfants lorsque arrive le commissaire Ayala : « Allez, préparez vos affaires, on va vous emmener ! ». Dans un premier temps Monique Case refuse ; quelqu'un doit s'occuper de ses enfants, ce à quoi le commissaire lui répond que ce sera l'assistance publique qui va gérer le problème. La mère de famille est conduite à la gendarmerie sous le regard de son mari qui reste impuissant à intervenir. La réputation de panthère que les gens « biens pensants » lui ont attribuée, fait même échapper d'un policier une remarque pour le moins déplacée : « C'est celle-là la panthère ? Je vais m'occuper d'elle, je vais lui claquer la gueule… » Fidèle à sa réputation et adepte de la répartie, Monique Case lui répond : « Ecoute, mon petit père, vous êtes douze en ce moment, mais si tu es seul, il faudra demander du renfort… ». Durant toute la durée de l'interrogatoire, elle n'avoue pas.

Le lendemain, 19 janvier, quelques policiers se rendent au domicile des Case, où Monique est invitée à prendre quelques affaires de rechange, ensuite direction Bourges. Le trajet qui sépare le village de la grande ville de seulement 50 kilomètres va nécessiter 04h00 de route sur le verglas, très présent en cette saison. Elle est incarcérée à la maison d'arrêt appelée également « Le Bordiot ». Sur place de nombreux photographes sont déjà sur place. Monique tente bien de dissimuler son visage mais une photo apparaitra tout de même dans les journaux, celle d'une photo d'identité dérobée dans la boutique de son mari. Le gendarme, Jules Barrault, soupçonné d'être son amant, est lui aussi incarcéré.

L'affaire du « Bois Bleu » monte d'un cran au niveau national et ce ne sont pas les sobriquets qui manquent pour qualifier la malheureuse Monique Case. Tantôt « la meurtrière du banquier à la beauté du diable » ou encore « une madame Bovary qui aurait mal tourné ». Certes, le caractère libertin de Monique révélait ses deux passions, les hommes et l'argent. Son mari, avec qui elle n'avait plus de relations intimes depuis quelques années était parfaitement au courant. Les escapades de sa femme n'avaient rien à voir avec l'amour. Monique continuait d'aimer son mari et ses enfants et ne les aurait quittés pour rien au monde. La presse à scandales continue son œuvre où, à cette époque, la moindre incartade adultère est appréciée des lecteurs qui, choqués, veulent toutefois en savoir davantage.

C'est ainsi que les enfants Case découvrent les titres des journaux, tantôt par leurs camarades de classe, tantôt par les affiches collées un peu partout dans le village : « Le vrai visage de Monique la diabolique », « Le gendarme de La Guerche et sa maîtresse inculpés du meurtre de l'employé de banque », « Ils voulaient lui vendre des photos compromettantes », « Le gendarme assassin avait envoûté Monique »… Chaque jour les habitants découvrent de nouveaux détails. Vrais ou faux, ils produisent toutefois leur effet néfaste sur cette affaire et sur la réputation d'une femme, déjà meurtrie d'être emprisonnée pour des faits qu'elle nie farouchement.

On prête également à Monique de nombreux amants qui lui offraient des dizaines de diamants : des hauts fonctionnaires, des employés, des notables, des industriels, des éleveurs de chevaux, jusqu'à des dresseurs de chiens. Tout ce qui pouvait salir la réputation de Monique Case et de son amant Jules Barrault était bon à publier, en plus ça faisait augmenter le tirage papier. Rien n'était épargné. Ainsi, elle aurait tué Segretin avec un coup de machette sur la nuque, elle droguait les hommes et les envoutait pour obtenir des bijoux et des fourrures, elle s'était fait offrir des écuries, des voitures de sport, organisait de véritables orgies, elle avait décidé de séduire un gendarme car ça pouvait toujours servir. Rien ne lui était épargné.

Les voitures-radio des journaux locaux parcourent le pays aux heures de foires et de marchés en clamant leurs titres fracassants consacrés à Monique Case. D'ailleurs on ne dit plus Monique Case, maintenant c'est « la Case ». Bientôt René Case, le mari photographe, doit fermer boutique. Il est abasourdi, ahuri, prostré. Il va falloir mettre les trois gosses à l'orphelinat. Mais, à part ça, tout le monde est content. La police est satisfaite : il fallait un coupable, elle en a trouvé deux. La justice est satisfaite puisque « justice est faite ». Et les braves gens aussi sont contents, puisque la morale est sauve. A La Guerche, tout est dans l'ordre des choses.

Pourtant un détail, et pas des moindres, laisse perplexe la juge d'instruction Mademoiselle Chauvelon. Monique Case refuse toujours d'avouer et se dit innocente des faits qui lui sont reprochés. D'autre part, certains témoignages attirent son attention par leur caractère farfelu ou trop parfait pour être spontané. La magistrate commence à avoir de sérieux doutes et se déplace régulièrement dans le village pour vérifier elle-même les déclarations faites aux policiers par les témoins. Elle s'aperçoit en tout cas qu'il y a des détails qui ne collent pas, mais alors pas du tout. Elle a une prise de bec à l'hôtel de la Poste avec le commissaire Ayala. Il faut dire que vieux brise-fer peu enclin à la profession de juge laissée aux femmes ne se cache pas pour développer ses idées misogynes. On commence à dire que la mise en liberté provisoire de Monique Case et du gendarme Jules Barrault ne serait pas impossible.

Témoin de cet acharnement, un policier, André Navarro, rapporte alors à la juge d'instruction, Georgette Chauvelon, toutes les irrégularités qu'il a constatées au cours de l'enquête. Elles sont tellement nombreuses que la magistrate décide de la libération immédiate des deux prévenus qui auront passé tous deux 43 jours en détention.

Monique Case et Jules Barrault devaient ensuite bénéficier d'un non-lieu, le 6 mai 1966. En pleine affaire Ben Barka, la presse de l'époque avait brodé, à l'infini, sur la personnalité supposée de Monique Case, soit essentiellement sur des ragots. À rebours d'une immense majorité de leurs confrères, seuls quelques rares journalistes évoquaient les errements et les incohérences des enquêteurs, l'absence totale de preuves, la fragilité (pour ne pas dire plus) de nombreux témoignages et les manipulations, pourtant flagrantes, de bien des éléments du dossier.

L'épilogue de cette histoire on l'apprendra tout à fait par hasard, comme si la volonté de cacher cette erreur judiciaire s'était avérée plus forte que la vérité. Même la presse s'y est mise. Peu d'articles, sinon celui paru dans le journal « Le figaro » du 24 octobre 1967.

Le mardi 2 novembre 1965, un cultivateur Ernest Rodric se rend à la succursale de la Société Générale de La Guerche. L'homme devait rembourser la somme de 1 000 francs (environ 152 euros), une dette qu'il devait honorer depuis longtemps. En arrivant sur place, il s'aperçoit qu'il a oublié le chèque à sa ferme. Il en fait part au directeur, monsieur Georges Segretin, qui lui propose de passer directement chez lui dans l'après-midi. Lorsque le banquier se présente au domicile de Rodric, il établit un reçu pour solder la dette du cultivateur. C'est après avoir signé le document que Segretin est assommé avec un longeron de charrue qu'il avait préalablement placé dans un réduit se trouvant à proximité de la cuisine.

A la tombée de la nuit, il installe le corps dans la 2CV de la Société Générale, à la place qu'on a pour habitude d'appeler « la place du mort ». Ernest Rodric prend ensuite le volant et se dirige vers le Bois Bleu situé à une vingtaine de kilomètres de chez lui. Il lui vient alors l'idée d'arroser la voiture d'essence en plaçant le corps cette fois au volant pour faire croire à un accident. Avant de commettre son forfait, il fouille la sacoche du banquier et y dérobe la somme de 2 000 francs (environ 304 euros) qu'elle contenait. Il faut croire pourtant qu'Ernest avait une conscience. En effet, lorsqu'il apprend l'arrestation de Monique Case et plus tard du gendarme Barrault, il envoie une lettre anonyme pour les disculper et ainsi forcer les policiers à se diriger vers une autre piste. C'est l'enquête pour retrouver l'auteur de cette lettre qui va le confondre à la fin du moins d'octobre 1966.

Ainsi « l'affaire du Bois Bleu », un temps « l'affaire Monique Case » a vu ses poursuites contre X devenir celles contre Rodric. Officiellement la page est donc tournée. Debout dans le box des accusés, Ernest garde le silence sur son entreprise préméditée dont le mobile crapuleux et sordide est connu. Ce cultivateur ne manquait pas d'hectares d'exploitation mais, malheureusement, était un très mauvais gestionnaire. Il s'est maladroitement endetté avec des échéances qu'il avait du mal à honorer. Ensuite le 2 novembre 1965, lorsque Georges Segretin se présente à la ferme, c'est le coup de folie. Le banquier venait de lui annoncer que la banque ne pourrait plus le suivre, son dossier allait être remis au contentieux. Le 25 octobre 1967, Ernest Rodric est condamné par la cour d'assises du Cher à Bourges à la prison à perpétuité.

De cette affaire, on retiendra la facilité avec laquelle quelques policiers ont orienté une enquête pourtant dénuée de preuves. Les méthodes utilisées ont longtemps constitué un cas d'école et illustrent la fuite en avant d'inspecteurs peu scrupuleux. Devant la fragilité des charges, faux témoignages, fabrication d'éléments et incohérences se sont bousculés afin de faire de madame Case et monsieur Barrault les coupables idéaux. Comble d'ironie, les policiers incriminés ont été mutés. La seule sanction qui a été prise sera contre André Navarro qui avait alerté la juge d'instruction, mais sans passer par la voie hiérarchique. L'attitude de la presse, tant régionale que nationale, n'aura pas non plus été des plus exemplaires. Monique et René Case, même après la condamnation du véritable coupable, ont continué d'être malmenés par les rumeurs populaires. Le commerce a fait faillite et les enfants ont, pendant longtemps, supporté les attaques et les calomnies, plus de 40 ans après les faits.

Gérard Boursier, originaire des lieux, a consacré un ouvrage à cette affaire : « L'affaire du Bois Bleu », aux éditions Noir délire et n'a pu que constater les dégâts occasionnés par ce tragique fait-divers. Bien que l'assassinat du Bois Bleu soit aujourd'hui peu cité, son souvenir demeure vivace dans la commune de La Guerche-sur-l'Aubois, où l'on parle encore de « l'affaire Monique Case ».

2023 – Sambre

Du 13 novembre au 27 novembre 2023, la chaîne France 2 diffuse les épisodes de la mini-série « Sambre ». Son réalisateur, Jean-Xavier de Lestrade, s'est entouré d'acteurs et d'actrices de talent comme Alix Poisson ou Olivier Gourmet.

A la fin des années 1980, en Belgique et dans le Nord de la France, des femmes sont violées tôt le matin, toujours de la même manière, sur la même route, le long de la rivière Sambre. Les policiers ne prennent pas la mesure de ces agressions et ne font pas le lien entre elles. La justice est débordée devant les dossiers qui s'accumulent. Il faudra plus de vingt ans pour arrêter un homme qui n'a jamais cessé d'agresser les femmes et qui est responsable

231

de plus de 50 agressions sexuelles, dont 16 viols. Cette mini-série qui a la particularité que chaque épisode représente l'un des acteurs des faits, est librement adaptée de l'ouvrage éponyme d'Alice Géraud retraçant la progression de l'enquête et ses répercussions depuis les années 1980 jusqu'en 2018, avec les débuts de l'ère #metoo.

Dans cette minisérie de 6 épisodes, la violence sexuelle est plus suggérée que montrée, avec un respect de la chronologie des faits. Elle démontre le manque de moyens et surtout une police qui manifeste peu d'investissement au début de l'affaire, dans les années 1980 à 1990. Pour passer entre les mailles du filet, notre homme bénéficie également d'un concours de circonstances assez incroyable. Les séquelles physiques tout comme psychologiques sur les victimes, après les faits, sont bien démontrées. Un homme ordinaire, mari aimant, ouvrier modèle renommé, Enzo Salina (Dino Scala), bref un « Monsieur tout le monde » derrière chez qui se cachait un prédateur redoutable. Glaçant.

Mention spéciale à l'interprétation d'Alix Poisson qui est remarquable, ainsi qu'à sa maquilleuse. Bravo pour le vieillissement particulièrement réussi au fil des épisodes. Les deux derniers épisodes sont très forts, avec une tension palpable qui nous scotche devant notre écran.

*
**

Cette histoire commence à Erquelinnes, le 26 février 2018, dans une commune francophone de Belgique située en Région wallonne. Dans le commissariat, les policiers sont fortement occupés, ils s'apprêtent à appréhender un dangereux criminel après l'avoir repéré sur les caméras installées dans le village. L'homme est pris en filature alors qu'il sort de chez lui au petit matin.

Son véhicule s'arrête après quelques kilomètres, son conducteur est arrêté sans opposer la moindre résistance. Si les enquêteurs ont vu juste, cette interpellation va mettre fin à l'une des plus longues enquêtes de violeur en série que la France a connu. C'est une arrestation attendue depuis près de 20 ans par les victimes de cet homme qu'on a surnommé « le violeur de la Sambre », côté français, ou « le violeur à la cordelette » côté belge.

En octobre 2002 à Bachant, une commune située dans le département du Nord, près de Maubeuge, une région ouvrière située près de la frontière belge, chez les « ch'tis ». C'est une région au grand passé industriel avec des usines de sidérurgie, de métallurgie ou de céramique le long de La Sambre, une rivière franco-belge, affluent de la Meuse, de 190 km de long. Blandine Carpentier, âgée de 13 ans, est une jeune adolescence qui cherche encore son identité. Comme beaucoup d'enfants de son âge, elle est à la fois rebelle et gentille. Comme ses copines, Blandine effectue un long chemin à pied pour se rendre à l'école.

De l'arrêt au centre de Bachant, le bus emmène les élèves au collège Pablo Picasso, à Aulnoye-Aymeries, située dans le sud du bassin de la Sambre. Mais ce jour d'octobre 2002, après une dispute avec son amie, le destin de Blandine bascule. Les deux filles décident de ne plus se parler, Blandine se rend donc seule au collège à travers un petit chemin de campagne qui relie la commune à l'établissement scolaire, sans passer par la grande route. Blandine connaît bien ces petits chemins et ne se méfie pas lorsqu'elle aperçoit, devant elle, une voiture stationnée sur le bas-côté. Une portière s'ouvre, un homme court derrière la jeune fille et la précipite dans le fossé. D'une main, Blandine est maintenue, tandis que l'homme dont la braguette est ouverte, se masturbe sur elle. L'homme ne réussit pas à enlever le pantalon de la jeune fille, c'est sans doute ce qui l'a sauvée d'un possible viol. Faisant la morte après un cri, son agresseur s'enfuit.

Blandine n'a pas réussi à identifier le visage de l'homme, caché par un bonnet. Cependant un détail l'a frappée : son pull gris avec une ligne blanche. En état de choc, la jeune fille ne se rend pas à la police mais poursuit son chemin vers l'école. Le pantalon est abimé, ses jambes sont tremblantes, son attitude surprend ses camarades dans la cour de l'établissement. Aussitôt, Blandine est emmenée à l'infirmerie. Après quelques questions, l'infirmière prend contact avec la police qui vient chercher la jeune fille. L'infirmière contacte également Fabienne, la mère qui est à son travail.

Fabienne rejoint immédiatement sa fille à l'hôpital de Maubeuge, une ville relativement importante des communes de l'ancien bassin minier. Blandine raconte avoir été violée, mais le médecin est perplexe car il n'y a pas eu pénétration. Fabienne fait comprendre au médecin que, pour elle, il n'y a aucune différence. Sa fille qui ne fait pas la différence entre un viol et une agression sexuelle a été attaquée par un pervers. La mère veut tout de même porter plainte et se rend au commissariat de son village. Les enquêteurs commencent leurs recherches afin d'identifier l'agresseur avant qu'il ne commette d'autres méfaits. Blandine regarde les portraits des individus connus pour des faits similaires. Le policier insiste auprès de la jeune fille pour lui signifier que l'homme qu'elle pourrait reconnaître risque de graves ennuis. La qualité de son témoignage est essentielle.

Par peur de se tromper et n'ayant pas vu le visage de son agresseur, Blandine ne reconnaît aucun portrait et ressent beaucoup de mal à raconter son histoire. Les enquêteurs commencent à douter. Avec l'attitude des policiers, Blandine a l'impression d'être « violée » une seconde fois. Durant une semaine, sa mère Fabienne est obligée de dormir avec sa fille qui fait des cauchemars. Elle lui donne des tranquillisants légers afin qu'elle puisse dormir un peu. Il faudra plusieurs semaines pour que le traumatisme de l'agression s'estompe peu à peu.

Les policiers continuent leur enquête mais sans conviction. Ils pensent que cela ne débouchera sur rien et pourtant, ils ne sont pas au bout de leurs surprises. A 10 kilomètres de Bachant, une autre affaire de viol secoue la ville de Louvroil. En septembre 2002, un mois avant l'agression de Blandine, une télévision régionale recueille le témoignage d'une employée municipale de Louvroil. Elle a été attaquée en arrivant sur son lieu de travail. Françoise déclare qu'un homme l'a jetée au sol, s'est couché sur elle avant de la relever, lui donnant l'ordre de se mettre à genou pour lui pratiquer une fellation. C'est le début d'une folle série noire. En quelques semaines, plusieurs victimes affluent au commissariat de Louvroil. C'est le cas aussi de Denise, attaquée tôt le matin par un inconnu. L'homme a dû être dérangé car il l'a jetée au sol et s'est enfui. La psychose s'empare de la ville.

Annick Mattighello, la maire de la ville, prend les choses en main. Elle fait redoubler les patrouilles et les contrôles mais s'insurge contre les autorités judiciaires qui ne veulent pas avertir la population. Elle décide alors d'organiser une conférence de presse pour solliciter les journalistes. L'élue n'a pas peur de prendre le « contre-pied » de tout le monde. Malgré les répercussions médiatiques, les policiers de Bachant ne font pas le lien avec les événements

236

de Louvroil. Comme dans chaque cas, on pense qu'il s'agit d'une personne du coin, on décide d'élargir les recherches aux communes voisines et au canton.

Les agressions de Louvroil sont confiées à un autre service, celui de la police judiciaire de Lille, la capitale des Hauts-de-France. Les enquêteurs d'ailleurs, travaillent déjà sur une série d'agressions qui se sont déroulées dans la région de Maubeuge depuis 1996. Ils cherchent notamment l'agresseur de Clara Bernard. En 1997, cette jeune maman profite de son congé maternité à la maison. Quelques minutes après le départ de son mari, elle est attaquée par un inconnu qui s'est introduit par le garage. Elle décrit cet homme comme portant une cagoule et des gants. Ces deux détails figurent déjà dans les déclarations d'autres femmes agressées aux environ de Maubeuge. Les policiers retracent non pas un ou deux cas mais neuf affaires. Parmi ces affaires, des adolescentes et des femmes d'une cinquantaine d'années.

Les enquêteurs se demandent s'ils ont à faire à des viols sans liens ou à un violeur en série. Dans chaque dossier, ils découvrent que le visage du criminel est toujours masqué, mais cela reste un indice bien maigre. Il est vrai que la plupart des violeurs n'attaquent pas de face, il est donc difficile de penser qu'il s'agisse du même homme. L'enquête piétine jusqu'en 1997 où une nouvelle agression relance les investigations. Une femme déclare avoir réussi à retirer la cagoule d'un homme qui tentait de la violer. Aussitôt un portrait-robot est dressé, les enquêteurs reprennent espoir, ils ont enfin un visage.

Ce portrait représente un homme d'âge moyen sans signe distinctif, assez banal. Les policiers décident de le comparer à toutes les fiches des personnes connues pour agressions sexuelles. Aucun profil ne correspond. La justice française prend aussi une décision lourde de conséquence. Elle s'oppose à la diffusion du portrait-robot dans les médias, afin, selon elle, ne pas créer de psychose dans le secteur. A la recherche de nouveaux indices, les enquêteurs passent à la loupe le mode opératoire (modus operandi) des viols. Ce qui les surprend, c'est l'horaire plutôt inhabituel des agressions. Entre 06h00 et 08h00 du matin, le plus souvent en hiver où l'obscurité est la plus présente. Ce qui conforte l'hypothèse d'un même homme qui s'attaque aux femmes et jeunes filles seules chez elle ou sur des chemins isolés.

Les viols sont souvent commis à l'écart des grands axes. Le criminel repère ses victimes près des abris-bus. Les policiers réussissent aussi à comprendre la technique d'attaque du prédateur. Il arrive par derrière, toujours caché par un bonnet, une écharpe, avec des gants et une cordelette. Il entraîne ses victimes vers les abords des voies ferrées. Il attache les mains avec la cordelette, il menace avec un couteau, afin de les conditionner et les forcer à se tenir tranquille. En réétudiant les dossiers, ils tombent sur un autre élément caractéristique de l'agresseur : son odeur.

Plusieurs victimes vont parler d'une odeur de pourriture, comme des œufs pourris ou un produit industriel, mais pas corporelle. L'agresseur porte peut-être une combinaison utilisée dans une usine ? Il y en a beaucoup dans la région de Maubeuge, mais malgré tous ces éléments, l'enquête piétine. Il faudra attendre les progrès de la police scientifique pour relancer la piste du prédateur sexuel. En l'an 2000, quatre ans se sont écoulés depuis les enquêtes de la Police Judiciaire (PJ) de Lille. Des avancées permettent de résoudre des enquêtes grâce à l'analyse des empreintes génétiques. La police décide alors de réexaminer toutes les traces ADN relevées lors des viols. Au fil du temps, chaque trace est récoltée et conservée, même si aucune identité de son auteur n'est trouvée.

Afin de pouvoir continuer leur enquête, les enquêteurs transmettent leurs prélèvements au laboratoire scientifique de la police. L'enquête fait un bond en avant. Toutes les traces ADN appartiennent à la même personne. L'intuition de la police judiciaire était la bonne. Reste maintenant à mettre un nom sur ce violeur en série. Les empreintes sont soumises au Fichier national des empreintes génétiques (FNAEG), mais là encore ne correspondent à personne. Il est fort probable que l'homme ne possède pas de casier judiciaire ou est absent des bases de données. Malgré tous leurs efforts, les enquêteurs sont dans l'incapacité de le retrouver.

Il est possible que ce soit un habitant de l'un des villages, un père de famille respectable qui part chaque matin au travail. Et le plus souvent respecté de tous. Les policiers ne possédant pas de nouveaux éléments craignent qu'il repasse à l'action à tout moment. Malheureusement, les craintes seront justifiées. A la fin de l'année 2003, à Bachant, dans la commune où Blandine s'est fait agresser un an plus tôt, Charlotte a rendez-vous avec des amis dans un village voisin. Elle décide de s'y rendre à pied, à travers un petit chemin de campagne. Elle n'a pas conscience des risques qu'elle prend car un prédateur rode ce jour-là dans les environs et il passe à l'action. Charlotte hurle et donne des coups à son agresseur parvenant à le faire fuir. Immédiatement, elle dépose plainte au commissariat.

La tentative de viol rappelle aux policiers du village l'agression de Blandine. Le mode opératoire est semblable, ils tentent alors de rapprocher les deux dossiers. Toutefois, il leur manque des éléments pour conclure qu'il s'agit du même agresseur. En 2004, Blandine Carpentier est de nouveau convoquée par les policiers, mais pour elle c'est la douche froide. Après les troubles psychologiques qu'elle a subis, elle s'entend simplement dire que les policiers n'ont rien trouvé. La jeune fille et sa mère sont déçues. Blandine a le sentiment que les enquêteurs doutent toujours de ses déclarations.

Le commissariat, comme beaucoup en campagne, n'a pas de brigade des mœurs. Ce sont des endroits reculés pas toujours armés pour gérer ce genre de situation. Depuis plus de deux ans des femmes et jeunes adolescentes habitant les environs de Maubeuge se font agresser. Malgré les plaintes des unes et des autres, aucun rapprochement n'est effectué. À la police judiciaire de Lille, cependant, les policiers établissent des connexions. Ils regroupent plus de 15 affaires signalées dans la région et enquêtent discrètement. Ils ne veulent pas que le violeur se sente traqué. Aucune psychose n'est présente. Même les personnes qui ont déposé une plainte ignorent les autres affaires. Ce que la mère de Blandine ne sait pas c'est que les policiers ont découvert de nouveaux indices.

En examinant les lieux des agressions, un élément leur saute aux yeux. Elles ont toutes eu lieu près d'un cours d'eau. Les enquêteurs le baptisent « le violeur de la Sambre ». Les événements se situent toujours près ou à proximité de cette rivière frontalière dont une partie se situe en Belgique. Le dossier prend alors une dimension internationale. Erquelinnes en Belgique, village frontalier d'environ 9 000 habitants est apprécié pour ses bars animés. Beaucoup d'habitants français viennent s'y détendre sans s'apercevoir qu'ils ont changé de pays.

Au début des années 2000, rien à signaler dans cette commune belge, jusqu'à cette soirée de décembre 2004 où une adolescente est agressée et violée sur le chemin de l'école. C'est le début d'une série noire qui frappe le village. Une psychose s'installe : les jeunes filles entre 15 et 16 ans craignent d'aller prendre leur bus. A la télévision belge, une adolescente victime témoigne de son calvaire. Elle a été agressée par un homme qui l'a entraînée dans une petite cabane se trouvant sur le bord de la route à proximité de la Sambre. L'homme est armé d'un couteau, la jeune fille essaie de se débattre, mais l'homme lui place l'arme sous la gorge pour l'empêcher de bouger. En interrogeant les victimes, la police belge remarque un détail qui revient dans les différents témoignages. L'odeur de l'agresseur, de la graisse ou du cambouis qui les marque durant l'agression. Cela renforce l'hypothèse d'un violeur en série.

Les policiers décident alors d'avoir recours à une technique habituellement réservée aux grandes affaires criminelles, l'audition des victimes sous hypnose. Il semblerait que les victimes se souviennent mieux des faits lorsqu'elles y sont placées. Une première victime est convoquée au commissariat et ça fonctionne. Grâce à son témoignage, les policiers réussissent à dresser un portrait-robot très détaillé de son agresseur. Un homme entre 35 et 40 ans, de corpulence normale, avec un petit ventre. Méthodiquement, les policiers montrent le portrait-robot, publié aussi dans les médias locaux, à tous les habitants d'Erquelinnes, mais n'obtiennent aucun résultat. La déception est grande et les policiers se demandent comment réussir à résoudre cette série de viols. C'est alors qu'en 2006, par hasard, l'affaire connaît un rebondissement capital.

A l'automne 2006, les policiers belges se rendent à Lille pour assister à une réunion de coopération des deux pays. Ce jour-là, les policiers font part des viols à répétition qui touchent Erquelinnes. Les policiers lillois s'aperçoivent que leurs homologues sont également à la recherche d'un prédateur sexuel. Les enquêteurs des deux pays sont troublés, auraient-ils affaire au même violeur ? Ils décident de comparer leurs indices respectifs. Même s'il y a plusieurs similitudes, les deux portrait-robots ne correspondent pas. Il y a donc un doute pour savoir s'il s'agit du même homme.

Les policiers belges convoquent à nouveau les victimes d'Erquelinnes, afin de leurs montrer le portrait-robot français. C'est le choc ! Les victimes reconnaissent formellement leur agresseur. Pour en être sûr les policiers belges transmettent quelques traces ADN recueillies. Le laboratoire scientifique confirme que les empreintes sont identiques. Les deux pays recherchent bien le même violeur. Immédiatement, les policiers belges lancent un nouvel appel à témoins. Les policiers fondent tous leurs espoirs sur cette large médiatisation afin de démasquer le violeur.

L'appel à témoins ne donne rien. Des deux côtés de la frontière, le mystère reste entier. Alors les policiers belges tentent le tout pour le tout. Ils recourent à Jean-Paul Donnay, un géoprofiler. En examinant les lieux, il délimite un secteur où pourrait habiter le violeur. Le professionnel examine autant les lieux des viols que les communes épargnées par le prédateur où il pourrait être connu. Il détermine ainsi une zone d'action privilégiée par l'agresseur. D'après le géoprofiler, l'auteur habite à moins de 10 kilomètres de la frontière. Il faut maintenant déterminer le pays où il vit. L'expert se livre alors à de nouveaux calculs en fonction des agressions. Selon lui, le violeur habite en France à côté de Maubeuge, Haumont, Pont sur Sambre ou Vieux-Mesnil. Les policiers estiment à 18 000 le nombre d'habitants du secteur où vivrait le violeur. Les moyens d'investigation manquent pour un tel travail, l'enquête est au point mort, même s'ils gardent secrets les précieux indices.

Les victimes vivent très mal que leur agresseur soit toujours en liberté. A Bachant, Blandine est angoissée dès qu'elle sort dans la rue. Clara, agressée aussi à son domicile, garde de nombreuses séquelles et ne se sent jamais en sécurité dans sa maison. Les victimes se demandent si leur agresseur sera un jour arrêté. En

2010, les enquêteurs constatent que le prédateur ne fait plus parler de lui. Aucune agression n'est signalée, même constat les années suivantes. Les jours passent. Ils se demandent comment ils pourront démasquer « le violeur de la Sambre », jusqu'à un ultime rebondissement.

Erquelinnes en 2018, voilà près de sept ans que les agressions ont pris fin. Jusqu'à ce jour de février où Jenifer, une adolescente de 16 ans, part à l'école aux environs de 07h00 du matin, sans se douter qu'elle est observée. La jeune fille habite en France mais est scolarisée en Belgique. Elle s'aperçoit qu'elle a raté son bus et prend un raccourci à travers les chemins de fer. Avec des écouteurs sur les oreilles, elle n'entend pas son agresseur arriver. L'homme parvient à l'éloigner dans un axe moins fréquenté par le passage d'éventuels témoins. Jenifer se débat avec force ce qui oblige son agresseur à la lâcher. L'homme a sans doute pris peur car la gare est toute proche avec la fréquentation de ses habitués. La jeune fille se dirige immédiatement vers le commissariat de police.

Sa déposition est prise très au sérieux, car Jenifer a pu voir le visage de son agresseur. Elle décrit un homme chauve, bedonnant qui s'exprime avec un accent du nord de la France. Ses détails sur le mode opératoire font tout de suite penser au « violeur de la Sambre ». Dans les locaux de la police belge c'est l'effervescence. L'affaire est relancée mais cette fois l'agression a eu lieu non loin de la gare d'Erquelinnes, un secteur sous vidéosurveillance depuis deux ans, sous l'impulsion du maire de la ville.

Les caméras ont été installées pour repérer les nuisances occasionnées par les personnes qui pour faire la fête en Belgique, le soir ou le week-end, passent par le quartier de la gare, souvent bruyamment. La clé de l'énigme se trouve peut-être sur les bandes vidéo. Toutefois, le raccourci emprunté par la victime n'est pas couvert par les caméras. Mais les policiers ne s'avouent pas vaincus, ils décident d'observer plus précisément les véhicules présents sur le parking de la gare. Sans vraiment y croire, les enquêteurs regardent les véhicules qui viennent stationner un peu avant l'agression et qui repartent un peu après. Les policiers passent au crible tous les véhicules garés habituellement sur le parking et aux environs de la gare, ils sont interpellés par les déplacements étranges d'une voiture.

Il s'agit d'une petite berline immatriculée en France. Une étape importante dans leur enquête. Ce véhicule est arrivé peu avant l'agression et reparti peu après. Les enquêteurs n'ont pas la totalité de la plaque d'immatriculation, mais en ont une bonne partie et, surtout, reconnaissent le type de véhicule : une voiture de type Peugeot, cabossée sur l'avant-droit. Les policiers belges savent que la piste est mince, mais ils n'ont que celle-ci. Ils décident alors de solliciter leurs homologues français pour tenter d'identifier le véhicule.

Grâce aux détails fournis par la police belge, les enquêteurs français identifient rapidement le propriétaire du véhicule : un homme de 56 ans, sans antécédent judiciaire, marié, qui habite dans les environs de Maubeuge. Il s'appelle Dino Scala. Les policiers choisissent de ne pas l'interpeller directement, ils décident d'en savoir un peu plus sur cet homme et ses occupations. Ils découvrent que Scala travaille dans une usine utilisant des produits qui dégagent une forte odeur. Son travail consiste à l'entretien des machines. La particularité de cette entreprise est qu'elle est située à la frontière belge, entre Haumont et Erquelinnes. Ce qui interpelle également les gendarmes, c'est le village où il habite, Pont-sur-Sambre, sur le trajet de la rivière où ont été commises les agressions. Alors les enquêteurs reprennent le rapport du géoprofiler qui avait désigné la commune comme étant un lieu probable d'habitation du violeur.

Une autre similitude, la ressemblance entre Dino Scala et le portrait-robot. Alors pourrait-il être « le violeur de la Sambre » ? Il y a le lieu d'habitation, le lieu de travail, la proximité géographique avec les agressions, beaucoup d'éléments qui en font un suspect crédible. Mais, en fouillant dans sa vie, ils trouvent un homme apparemment sans histoire. Marié une première fois en 1987, il a eu deux enfants, un garçon et une fille. Il a divorcé et s'est remarié dix ans plus tard. Cette fois il a eu trois autres enfants. C'est un homme affable, agréable avec ses voisins, qui rend heureuse la femme qui partage sa vie. Il fait l'unanimité autour de lui comme étant un homme charmant et serviable.

D'après l'enquête de moralité faite dans son village, Dino Scala est un homme apprécié et respecté. Il est bénévole au sein de plusieurs associations sportives. Il a entraîné d'ailleurs le club de football de Pont-sur-Sambre durant des années. Là aussi, il est aimé et respecté. L'homme ne fait rien apparaître d'anormal, les enquêteurs se demandent s'ils ne font pas fausse route. Les policiers décident de ne pas l'arrêter immédiatement mais poursuivent leur surveillance quelques jours supplémentaires. L'homme sort avec des amis, se rend à un match de football, une vie tranquille qui ne laisse rien transparaître de particulier. Les enquêteurs décident d'accentuer leur surveillance, tôt le matin, aux mêmes heures que les viols.

Nous sommes le 20 février 2018. Installés dans leur véhicule, les policiers surveillent attentivement l'habitation du suspect. A 06h55, Dino Scala part à son travail. Un détail choquant, sa tenue vestimentaire correspond à la description faite par les victimes : blouson noir, un bonnet sur la tête et un cache-nez. Ces derniers détails bousculent les enquêteurs qui le prennent en filature mais ne veulent prendre aucun risque. En arrivant près d'un rond-point, à la faveur d'un ralentissement, ils décident de l'interpeller. Les policiers ouvrent la porte, se saisissent de l'homme qui n'oppose aucune résistance.

Ils fouillent la voiture et là, surprise, ils découvrent l'attirail du parfait violeur : couteau, préservatifs et cordelettes. Les policiers tiennent-il enfin « le violeur de la Sambre » ? Pour eux, il y a suffisamment d'éléments pour le placer en garde à vue. L'audition commence et l'atmosphère est tendue. Dino Scala n'est pas spontanément coopérant et déclare qu'il n'a rien à voir dans ces affaires. Les policiers déposent sur la table les indices trouvés dans son véhicule. Dino reste sur sa première ligne : ce n'est pas lui, point final. Devant son refus, les policiers changent de tactique. Ils lui prélèvent un échantillon d'ADN pour le comparer avec ceux retrouvés sur les lieux des agressions. Dino Scala change d'attitude en entendant ADN. Il sait qu'il sera automatiquement confondu.

Après un moment d'hésitation, Dino Scala prend la parole. Il se livre sur le fait de s'être rendu quelques jours plus tôt à Erquelinnes, dans le but d'y commettre un viol. Il raconte qu'il n'en était pas à son coup d'essai. Il reconnaît tous les éléments qui lui sont présentés et au-delà des espérances. Il chiffre à 19 le nombre de ses agressions. Les policiers n'en reviennent pas, ils ont face à eux celui qu'on a surnommé « le violeur de la Sambre ». L'homme a d'autres révélations à faire, il déclare que les agressions ont commencé bien avant 1996 et le début de l'enquête. Dino Scala déclare aux enquêteurs que ses premières agressions ont commencé en 1988. Les policiers ressentent que l'homme avait besoin de se libérer de ce poids qu'il n'aurait jamais éliminé seul.

Dino Scala est mis en examen pour les faits de viols et d'agressions sexuelles aggravées. Quelques heures plus tard, les résultats ADN viennent confirmer les aveux qui font l'effet d'une bombe dans les médias français et belges. A Pont-sur-Sambre tout le village est sous le choc. Les voisins ont du mal à croire que l'homme au grand cœur est un dangereux prédateur. Ses collègues ou amis ne pouvaient le soupçonner, aussi bien par son attitude journalière que dans la gentillesse dont il faisait preuve tout au long de son investissement comme bénévole. Pourtant la population et les enquêteurs ne sont qu'au début d'une longue série de révélations.

A Bachant, l'arrestation de Dino Scala réveille de bien mauvais souvenirs à Blandine Carpentier. L'agression sexuelle qu'elle a subie en 2002 n'a toujours pas été résolue. En découvrant sur les réseaux sociaux cette arrestation, elle ne peut s'empêcher de faire le rapprochement avec son histoire. Blandine ressent comme un soulagement en lisant les détails du mode opératoire livré par la presse. Elle peut enfin mettre un nom sur son agresseur. Mais le chemin est encore long pour rouvrir son dossier et prouver que Scala est bien son agresseur.

A Louvroil c'est aussi le soulagement, en particulier pour Françoise, cette employée municipale qui avait été agressée en 2002 sur son lieu de travail. Les enquêteurs avaient bien établi un possible lien entre les différentes agressions, mais en 30 ans ils sont conscients également que d'autres affaires de viols ont pu leur échapper. Ils décident alors de consulter toutes les archives des différents commissariats, plaintes et main-courantes, afin de voir si d'autres affaires pourraient lui être rattachées. Après la révélation de l'affaire, la cellule est submergée d'appels téléphoniques et de courriers. De nombreuses femmes reconnaissent le profil de l'agresseur dont elles ont été victimes, ainsi que le mode opératoire. Un mois après l'arrestation de Dino Scala, les victimes se rencontrent au palais de justice d'Avesnes-sur-Helpe qui doit son nom à la région de l'Avesnois. Clara Bernard, agressée sexuellement en 1997, devient leur porte-parole.

Marquées à vie, toutes ces femmes doivent se replonger dans des souvenirs qu'elles auraient voulu effacer à vie. Reste, pour les enquêteurs, le mobile. Qu'est-ce qui a pu pousser un honnête père de famille à devenir un prédateur sexuel ? Dino Scala va parler de pulsions incontrôlables mais les psychiatres émettent des doutes sur le plaisir sexuel qu'il pouvait ressentir. Ils pensent qu'il éprouvait plus de plaisir par la situation de l'attaque qu'il commettait. Il continue, malgré ses aveux, d'être défendu par certains membres de sa famille.

Quatre mois après son inculpation, Dino Scala fait encore de nouvelles révélations. Il avoue 25 nouvelles agressions. Ce qui fait un total de 44. Le procès s'ouvre le 10 juin 2022 devant la cour d'assises du Nord. Dino Scala est reconnu coupable de 54 agressions sur les 56 présentées, dont 16 viols. Il est acquitté pour les deux autres faits. Le 1er juillet 2022, Dino Scala est condamné à 20 ans de réclusion criminelle avec une période de sûreté des deux tiers. Il fait appel mais décide d'y renoncer. Durant son incarcération, il suit un traitement psychiatrique important…

2024 - Parents à perpétuité

Nous sommes le 29 mai 2024, lorsque la chaîne France 2 diffuse le téléfilm « Parents à perpétuité » de Safy Nebbou.

Alors que toute la famille s'apprête à partir en vacances, les gendarmes viennent arrêter Guillaume. Ce dernier aurait en effet violé l'une de ses camarades. Un crime qu'il avouera d'ailleurs rapidement. Déchirés entre le chagrin, l'horreur et la culpabilité, Laurence et Eric vont alors commencer un long combat pour comprendre ce qu'il s'est passé et faire leur possible pour accompagner leur fils dans cette tempête judiciaire qui s'abat sur leur famille.

Bien qu'ils condamnent le crime qu'il a commis, Laurence et Eric continuent malgré tout d'aimer leur fils et vont tout mettre en œuvre pour alléger sa peine. Jusqu'à ce que survienne une nouvelle tragédie dont ils seront les témoins impuissants et les complices involontaires.

Portée par Natacha Lindinger (Laurence Boissinot) et Eric Caravaca (Eric Boissinot), le téléfilm suit l'histoire de parents aimants de Guillaume (Jules Houplain), un jeune adolescent âgé de 17 ans. Cette histoire est inspirée d'un fait réel qui a fait scandale celui du jeune Matthieu Moulinas l'assassin de la jeune Agnès Marin en 2011 à Chambon-sur-Lignon, en Haute-Loire. Le téléfilm est une libre adaptation du livre écrit en 2016 par Sophie et Dominique Moulinas, les parents de Matthieu.

L'interprétation des acteurs principaux, ainsi que celle de Naidra Ayadi dans le rôle de maître Guedj, est époustouflante. On ne cesse de se demander ce que nous aurions fait à la place des parents. Le jeune homme, Jules Houplain, représentant Matthieu Moulinas pour la vrai histoire et Guillaume Boissinot pour la fiction, est glaçant de silence où son rôle tient surtout de l'attitude dans son détachement, une performance difficile mais réalisée avec brio…

*

**

Cette histoire se passe dans la commune du Chambon-sur-Lignon, située dans le département de la Haute-Loire en région Auvergne-Rhône-Alpes. Le village, à 1 000 mètres d'altitude, est réputé pour son bon air. Il abrite un collège international, des élèves âgés de 13 à 18 ans qui viennent du monde entier.

Le 16 novembre 2011 est un mercredi et comme d'habitude au collège Cévenol, l'après-midi est un temps libre. Les jeunes collégiens descendent la plupart du temps au village, car c'est la seule distraction dont ils disposent, les parents étaient naturellement avertis et consentants pour que leurs enfants s'échappent durant quelques heures de l'enceinte scolaire. A l'issue de cette journée une jeune fille, Agnès Marin, manque à l'appel. Cette élève n'est pas une habituée des retards, tous comme les autres élèves. Une jeune fille sérieuse et respectueuse des consignes.

Le temps passe mais Agnès n'apparaît toujours pas. Josiane Escotte, une cadre éducative du collège Cévenol appelle une des amies d'Agnès, Estelle, qui lui confirme que cette dernière était bien à 16h30 sur la place de la Fontaine de Chambon et qu'elle était remontée en direction de l'internat. Aucun des autres collégiens ne l'ont aperçue et l'inquiétude commence à monter. A 19h00, heure du diner, toujours pas de nouvelles. La gendarmerie est prévenue, elle arrive très rapidement et fait immédiatement le tour des bâtiments de l'internat ainsi que toute la propriété du collège.

Aidés par les enquêteurs les cadres et les élèves organisent une battue dans la forêt pour essayer de retrouver la piste d'Agnès. Peut-être a-t-elle eu un accident ? Ce qui est curieux c'est que même son téléphone portable ne répond pas. Certains poussent même jusqu'au village avec des surveillants pour refaire le trajet qu'aurait pu emprunter la jeune fille, mais aucun habitant ne se souvient d'avoir vu Agnès dans la soirée. Certains villageois proposent leur aide pour sillonner les alentours tandis que les collégiens continuent leurs recherches. À minuit, les cadres du collège demandent aux élèves de cesser leurs recherches, pour aller se coucher, tandis qu'eux continuent de ratisser les environs. Les parents d'Agnès Marin sont avertis. Résidant, à Paris, ils prennent la route dès le lendemain matin pour rejoindre le Chambon-sur-Lignon. La fugue ou la rencontre d'un copain de Paris qui serait venu la rejoindre est vite écartée par le père d'Agnès.

Le lendemain, alors que la jeune fille n'a toujours pas été retrouvée, des renforts de gendarmerie arrivent sur place. Certains élèves continuent de vouloir aider les enquêteurs alors que les rumeurs les plus folles commencent à circuler. Estelle avoue aux gendarmes qu'elle n'a pas vu Agnès ce jour-là, contrairement à sa première déclaration. C'est à la demande de sa meilleure amie qu'elle avait inventé cet alibi. Les enquêteurs sont furieux de cette perte de temps. Pour la gendarmerie tout est à refaire, cette fois il ne faut pas retracer l'emploi du temps à compter de 16h30 mais après le repas du midi.

C'est au début de l'année de 4ème, au collège Charlemagne de Paris que le comportement d'Agnès, âgée de 13 ans, a changé. Selon sa mère Paola, sa fille traversait une crise d'adolescence assez difficile et se révoltait contre l'école et ses professeurs. Elle avait le corps d'une jeune fille de 16 ans et dans sa tête se considérait comme une femme de 18 ans. Agnès enchaîne les défauts de comportement, l'école buissonnière et d'autres bêtises comme fumer dans l'établissement. Les notes sont en chute libre et au mois d'avril 2010, le proviseur convoque les parents. Agnès est renvoyée du collège. Le proviseur conseille aux parents une place en internat dans un établissement dont il est membre du conseil d'administration, « le Cévenol » dans la commune du Chambon-sur-Lignon. Au bout d'une semaine en internat, elle demande à ses parents de ne pas venir la voir, elle s'est déjà fait des copines et semble déterminée à changer.

Les efforts entrepris lui permettent de se faire de bonnes relations au sein de l'établissement. Elle est appréciée pour son humour, les notes remontent et son passage en classe de 3ème est accepté. C'est à sa demande qu'elle regagne l'établissement à la rentrée de septembre 2011. Mais au fur et à mesure des interrogatoires, les gendarmes découvrent surtout une jeune fille fragile capable de se mettre en danger par sa naïveté, faisant un peu trop confiance aux autres personnes. Malgré les cigarettes et parfois, un peu de haschisch, rien de bien grave. Les enquêteurs privilégient la piste d'un autre interne du collège.

Les élèves et les gendarmes sont intrigués par un élève de 1ère âgé de 17 ans, répondant au nom de Matthieu Moulinas. A sa rentrée à l'internat, il avait des marques suspectes sur le visage. Il raconte à certains camarades être tombés sur des graviers et à d'autres dans des ronces. Les marques ressemblaient plus nettement à des ongles enfoncés qu'à des griffures ou des traces de végétaux. Aux premiers interrogatoires, le jeune homme est vite mal à l'aise, très nerveux, jouant continuellement avec un yoyo. Il déclare ce jour-là avoir fumé un joint, seul à l'écart de l'établissement. C'est ainsi qu'il explique ses chutes dans un état second et les marques sur son visage. Ce qui devient incohérent c'est qu'aucune trace de salissure ou de déchirure n'est présente sur ses vêtements.

Les gendarmes écoutent d'autres histoires servant d'alibi au jeune Matthieu, sans trop y croire, tout en recherchant, par précautions, si le jeune homme était déjà connu des services de police. Pas de casier, mais le responsable d'enquête ne sent pas le jeune homme et décide de le placer en garde à vue. Une perquisition de sa chambre à l'internat est organisée. Outre la pagaille qui règne dans la pièce, les enquêteurs sont intrigués par un jean posé sur le bureau présentant des taches rougeâtres sur le devant du pantalon. En attendant le résultat des analyses, maître Joëlle Diez assiste Matthieu durant sa garde à vue.

Matthieu Moulinas présente de nombreux tics et des hésitations dans le langage, il admet toutefois connaître la jeune fille mais assure qu'il ne sait rien sur sa disparition. Il explique le sang sur son jean comme étant le sien, il est tombé en faisant son Bad trip dans les bois lorsqu'il a fumé son joint ; pour le reste c'est de la boue. Plusieurs versions sont données pour cette fameuse journée, et ses hésitations donnent le sentiment à son avocat et aux enquêteurs que ce dernier ment sur les relations qu'il aurait entretenues avec Agnès Marin. Il semble en savoir beaucoup plus qu'il veut bien en dire. Une autre version confère qu'il était avec la jeune fille cet après-midi mais qu'il se serait disputé, ce qui explique les traces de griffures. Enfin, il délivre une autre histoire selon laquelle il aurait emmené Agnès, à sa demande, trouver des champignons hallucinogènes. Chacun en aurait fumé un morceau et il aurait perdu connaissance. Une fois réveillé, il est rentré à l'internat sans Agnès qui semblait être déjà partie.

Le résultat des analyses toxicologiques démontre que Matthieu n'a consommé aucun stupéfiant, sa version ne tient plus. Il avoue alors que la dispute qu'il a eue avec Agnès a dégénéré et qu'il l'a poussée dans un ravin. A la demande de son avocat, il accepte de conduire les gendarmes sur les lieux. Il faut faire vite, Agnès est peut-être blessée, elle a passé déjà deux nuits dans le froid. Malgré l'heure tardive, les gendarmes opèrent un premier ratissage qui ne donne rien sur un kilomètre.

C'est en pratiquant un second ratissage qu'un des hommes de la gendarmerie s'écrie « Le salaud ! ». En contre bas d'un ravin, le corps de la jeune Agnès Marin est en partie dénudé, la tête plongée contre le sol, perdue au milieu d'un bois de sapins, traversé par une route goudronnée. Son corps a été à moitié calciné. Jusqu'au bout, s'agissant d'une jeune fille de 13 ans, les enquêteurs avaient espéré. La nouvelle se répand très vite et les journalistes sont déjà sur place. Il faut prévenir la famille et les élèves du collège au plus vite, avant qu'ils ne l'apprennent brutalement.

Selon les déclarations de Matthieu Moulinas, toujours en garde à vue, il explique qu'une dispute a éclaté au sujet des champignons hallucinogènes. Agnès prise de pulsions, il la frappe violemment à coups de poings, la ligote avec les ficelles de ses yoyos et la viole. Une fois terminé, il la frappe à nouveau alors qu'elle ne bouge plus et réalise ce qu'il a fait. Il fouille le sac d'Agnès et trouve une recharge d'essence pour briquet « Zippo » dont il asperge le corps. Pour que le feu prenne bien, il l'attise avec des morceaux de branchage trouvés sur place puis rentre à l'internat.

Le père de Matthieu, Dominique Moulinas, est convoqué par la gendarmerie et apprend le méfait commis dans les moindres détails par son fils. L'homme est désemparé devant les actes commis par son fils et s'écroule en pleurs demandant à l'avocate de son fils de ne pas le laisser tomber. Matthieu de son côté en pleurs dit à son père de l'abandonner déclarant : « J'ai tout gâché ! ».

Le procureur de Clermont Ferrant organise dès le lendemain une conférence de presse et ce qu'il s'apprête à dire aux médias est particulièrement atroce. En août 2010, Matthieu Moulinas avait déjà violé l'une de ses copines de classe sous la menace d'une arme. À l'époque, le juge d'instruction le place en détention provisoire pour quatre mois. Il était dans l'attente de son procès. Quinze mois plus tôt Matthieu habitait avec ses parents dans le village de Nages-et-Solorgues, située dans le département du Gard. Il y a passé son enfance et a fréquenté les bancs de l'école avec Julie, une jeune fille de son âge.

Le 1er août 2010, en fin d'après-midi, Matthieu envoie un SMS à Julie. Sous le prétexte de lui rendre une somme de 10 euros, il l'invite dans la garrigue. Ils marchent et discutent tous les deux en direction d'une boite métallique où se trouve l'argent quand l'attitude de Moulinas change. Il arrête de parler et menace Julie avec un couteau, il la bâillonne et l'attache à un arbre avec des liens qu'il avait préparés à l'avance, et commence à la violer. Le téléphone de Julie sonne, c'est sa mère qui l'appelle. Elle arrive à convaincre Matthieu qu'il faut qu'elle rentre tout de suite que ses parents vont s'inquiéter. Le jour même la jeune fille porte plainte et les gendarmes se rendent au domicile des Moulinas.

En présence des gendarmes qui lui signifient sa garde à vue, Matthieu leurs présente le couteau qu'il a utilisé pour menacer Julie. A cette minute le sous-officier conseille à Dominique Moulinas, le père, de trouver d'urgence un bon avocat, mais qu'ils ne repartiront pas aujourd'hui avec leur fils. Les gendarmes sont décontenancés par l'attitude de Matthieu. Ce jeune homme de 15 ans n'avait jamais été entendu jusque-là pour le moindre délit. Il est auditionné pour un viol aggravé et prémédité, avec menace d'une arme. Le jeune homme parle avec un calme étonnant comme s'il avouait un simple vol à l'étalage. Son calme fait froid dans le dos.

Deux ans plus tard, les parents d'Agnès veulent savoir dans quelle mesure Matthieu a été remis en liberté pour cette fois tuer sa victime. Dans quelle mesure il a réussi à être accepté dans un internat mixte alors qu'il était sous l'inculpation d'un viol aggravé. Les parents d'Agnès se tournent alors vers la juge d'instruction de l'époque, les services sociaux et les parents de Matthieu Moulinas. Le lendemain du viol de Julie, les parents de Matthieu ont plongé dans la honte et dans l'incompréhension, terrés chez eux. L'avocate, maître Isabelle Mimran, à l'appui du bilan psychiatrique favorable de l'expert psychiatre Claude Aiguesvives va tout mettre en œuvre pour convaincre le juge d'instruction de le sortir de prison, pour éviter les mauvaises rencontres et lui faire reprendre une scolarité.

Après de nombreux refus d'internats de garçons et d'internat mixtes, le père de Matthieu a une réponse favorable du collège Cévenol. Matthieu fait sa rentrée normalement en septembre 2011 en même temps que sa future victime Agnès Marin qui fête son 13ème anniversaire. Quelques mois plus tard, c'est le juge d'instruction François Maury qui aura la charge du dossier. Ce qui surprend également le magistrat est la froideur de Matthieu qui avoue les faits comme détaché du viol et du meurtre. Il le raconte comme un épisode de jeux vidéo où il semble juste jouer le rôle de spectateur. Le juge est persuadé de la préméditation et met en examen Matthieu Moulinas pour assassinat, viol aggravé et tentative de dissimulation de cadavre. La justice décide de lier les deux affaires dans la même instruction, le viol de Julie et l'assassinat d'Agnès.

Le dimanche qui suit la mise en examen de Matthieu Moulinas, les élèves du collège organisent une marche blanche en hommage à Agnès.

Beaucoup de personnes ont répondu présent, des habitants mais également des anonymes. La région est réputée comme un endroit calme et serein où il fait bon vivre. Cette affaire est comme un coup de poignard pour un village qui est réputé comme « village des Justes » par l'Etat d'Israël pour avoir caché des hommes, des femmes et des enfants de confession juive durant la seconde guerre mondiale.

Depuis quelques années, le collège Cévenol était en proie à des difficultés financières, ce qui l'obligeait par moment à prendre des élèves difficiles, différents de sa clientèle habituelle. Il y allait de la survie de l'établissement qui ne pouvait plus faire face aux travaux et à la gestion du collège. Toutefois, le directeur du collège Cévenol Philippe Bauwens, se défend lors d'une conférence de presse d'avoir été informé du passé de violeur de Matthieu Moulinas. On lui avait parlé de soucis avec la justice sans entrer dans les détails. Difficile à croire pour certains journalistes qui se demandent dans quelle mesure, ce directeur n'a pas sollicité auprès des parents les raisons du placement de Matthieu dans son établissement. Le père de Matthieu, quant à lui, affirme qu'il a tenu au courant la direction d'une agression sexuelle mais sans parler de viol. Un audit demandé par l'éducation nationale fera notamment apparaître d'autres dysfonctionnements au sein du collège.

Les conclusions de l'autopsie d'Agnès Marin sont versées au dossier, et une fois de plus, elles contredisent les déclarations de Matthieu. L'examen démontre qu'il ne s'agit pas de coups répétés, mais de 17 coups de couteau avec un acharnement inouï. Deux fémurs cassés, l'humérus gauche et l'avant-bras gauche cassés, de multiples plaies au visage et au thorax. Matthieu est bien forcé d'avouer qu'il a utilisé une arme, un couteau dit « papillon ». Une lame qui se replie grâce à une moitié de manche de chaque côté de l'arme. Elle ne sera jamais retrouvée, Matthieu étant incapable de se souvenir de l'endroit où il s'en est débarrassé.

Le rapport démontre également qu'Agnès a été violée alors qu'elle était encore vivante. Toutefois, lors de la tentative de crémation du corps, la jeune fille était décédée, aucune présence de fumée n'a été détectée dans les poumons ni la trachée. Selon le médecin légiste, la mort d'Agnès a été longue et douloureuse. Pour ce qui est du sang trouvé sur le pantalon de Matthieu, les analyses confirment qu'il s'agit bien du sang de la jeune fille.

Le 26 octobre 2011, Agnès est enterrée. Beaucoup d'élèves sont présents pour lui rendre un dernier hommage. Ils mesurent la colère contenue du père d'Agnès Marin qui prend un bouquet de fleurs posé sur le cercueil, portant l'étiquette du collège Cévenol. Il arrache le bandeau et repose le bouquet sur la tombe de sa fille. Il rend quelque part, l'établissement responsable et désire que toute la lumière puisse être faite sur l'admission dans un collège internat mixte d'un garçon déjà frappé d'une mise en examen pour tentative de viol.

La polémique enfle dans l'opinion publique. Une fois de plus, la justice et l'expertise psychiatrique sont montrées du doigt. Les hommes politiques ne tardent pas à s'en mêler également, remettant en cause la décision du juge d'instruction d'avoir remis en liberté le jeune homme et à l'institution Cévenole de l'avoir accueilli. Chacun y va de son commentaire. Claude Guéant, ministre de la Justice admet un grave dysfonctionnement et promet une enquête pour faire la lumière sur cette affaire. Le gouvernement par la voix de son premier ministre François Fillon promet des places supplémentaires dans des centres éducatifs fermés pour les jeunes récidivistes. L'opposition, par le biais de Manuel Valls, en pleine primaire pour les présidentielles, laisse entendre son indignation qu'une telle affaire puisse avoir lieu. De son côté, la justice accusée reste muette, persuadée une fois de plus que les politiques parlent surtout d'un sujet qu'ils connaissent mal sur les centres éducatifs fermés et les conditions d'une instruction.

Les parents d'Agnès Marin, par la voix de leur avocat Francis Szpiner veulent surtout obtenir des explications quant à la libération de Matthieu Moulinas après son premier délit. En effet, le fait d'avoir repéré les lieux, organisé l'installation de liens pour capturer sa victime sont des faits graves qui méritaient selon eux, une décision plus ferme de la justice, ce qui aurait sans doute évité l'assassinat de leur fille. La chancellerie va conclure à aucune faute commise par l'instruction, ce qui va contribuer à engendrer une colère supplémentaire devant l'attitude de détachement de son meurtrier. Malgré la demande de la famille de la victime qui veut des audiences publiques, l'autre partie va obtenir un procès à huis clos partiel sur l'argumentaire de la minorité de l'accusé.

Le 18 juillet 2013, un an et demi après l'assassinat d'Agnès Marin, s'ouvre le procès à la cour d'assises de la Haute-Loire qui va réserver de nombreuses surprises. Les journalistes déçus ne pourront pas assister à tous les débats. Ils pourront toutefois apercevoir le visage de Matthieu Moulinas partiellement couvert par une couverture. Ce qui les choque, dans un premier temps, c'est l'aspect de l'accusé qui ressemble plus à un « premier de la classe » qu'au tueur indifférent décrit pas les enquêteurs et le rapport d'autopsie. La froideur de l'accusé glace une fois de plus l'assistance. Son avocate déclare à ce sujet que Matthieu ne pose qu'une seule question « Quand est-ce qu'on mange ? »

Dans le prétoire l'ambiance est insoutenable, la rancœur présente particulièrement lourde. Les témoignages se succèdent à la barre. Souvent frappés d'incompréhension, ils attisent un peu plus la haine contre une organisation judiciaire qui a mal fonctionné. Comme la formule consacrée : « Tous responsables, mais pas coupables ». Comme cette éducatrice de la Protection Judiciaire de la Jeunesse (PJJ) chargée du suivi de l'adolescent, qui ne s'est rendue qu'une fois au collège Cévenol, en mars 2011, plusieurs mois après son arrivée. Elle ne parvient pas à rencontrer le directeur, qui a annulé le rendez-vous pour cause de « carnaval » organisé dans le lycée. Elle ne parle qu'au conseiller d'éducation, qu'elle ne reverra jamais.

Lors de son témoignage le conseiller d'éducation affirme que l'éducatrice ne l'a pas informé du viol avec arme et préméditation pour lequel Matthieu avait été mis en examen. Sans cette indication de la PJJ, aux yeux du conseiller d'éducation, le jeune garçon ne présentait pas de problèmes particuliers dans son comportement, excepté quelques points minimes. L'éducatrice demande tout de même des précisions que le conseiller lui donne : l'introduction d'alcool au sein de l'établissement, tout comme les connexions à des sites internet pornographiques que le jeune Matthieu consultait à partir du centre de documentation, ce qui lui valut une semaine d'exclusion. Tout comme les gestes déplacés remarqués par certains camarades. Ainsi, Matthieu se promenant avec une camarade, laissant sa main courir sous la jupe au vu de tous. Ces faits n'ont toutefois jamais été portés à la connaissance du juge chargé de la première instruction.

Jeanne-Marie Vermeulin, l'avocate générale, parle dans son réquisitoire de l'attitude de l'accusé et des différents dysfonctionnements. Elle demande la levée de l'excuse de minorité pour l'accusé et une condamnation à 30 ans de prison avec obligation de soins. Après quelques heures de délibéré, la sanction tombe.

Le 28 juin 2013, Le jury de la cour d'assises du Puy-en-Velay condamne Matthieu Moulinas à la prison à perpétuité, mais sans obligation de soins. Tandis que le public applaudit la sentence, le président est obligé d'intervenir pour calmer les ardeurs de la foule. L'avocate générale se félicite quant à elle que la peine de mort ait été abolie, persuadée que Matthieu Moulinas aurait été condamné à cette peine. Pour la famille de l'accusé, le verdict est incompréhensible. Pas la sentence par elle-même, mais l'absence d'obligation de soins. Le lendemain de la condamnation, les parents de Matthieu par la voix de leur avocat font part de leur décision de faire appel. Tandis que le 7 février 2014, les parents d'Agnès Marin portent plainte contre l'État pour « faute lourde » afin de faire la lumière sur les responsabilités de chacun et notamment sur les lacunes du suivi judiciaire du meurtrier.

Le 29 septembre 2014, le procès en appel de Matthieu Moulinas s'ouvre devant la cour d'assises des mineurs du Puy-de-Dôme, à huis clos. L'accusé est plus bavard qu'en première instance, il est alors âgé de 21 ans. Plusieurs réponses glacent le sang, notamment quand on l'interroge sur le ressenti quand il poignarde la jeune Agnès Marin. Il confie alors avoir ressenti de la jouissance. Difficile pour le jury de se prononcer sur la monstruosité ou une possible folie orchestrée par le jeune Matthieu, afin d'obtenir un jugement plus clément.

Le 10 octobre 2014, la cour d'assises du Puy-de-Dôme confirme en appel la peine de réclusion criminelle à perpétuité mais cette fois avec un suivi psycho-judiciaire. La famille de Matthieu se pourvoi en cassation avant d'y renoncer, le 18 novembre 2014. La peine en appel devient donc définitive. Le collège Cévenol ferme ses portes la même année pendant que Matthieu Moulinas reçoit un traitement contre la schizophrénie. Il ne pourra demander une liberté conditionnelle qu'en 2026, il aura alors 33 ans. Les parents de la jeune fille assassinée, Agnès Marin, ont engagé des poursuites contre l'Etat, dénonçant les dysfonctionnements liés à la remise en liberté de Matthieu Moulinas, les conditions de son contrôle judiciaire et son absence de suivi. L'Etat a été condamné par le Tribunal de Grande Instance (TGI) de Paris pour sa responsabilité dans l'enchaînement des erreurs ayant conduit à l'assassinat d'Agnès Marin, à verser 185 000 euros de dommages et intérêts à sa famille. Matthieu Moulinas purge sa peine dans une prison de l'est de la France. Sa famille est restée unie et lui rend visite régulièrement…

CRIME D'ETAT

UN TELEFILM DE
PIERRE AKNINE

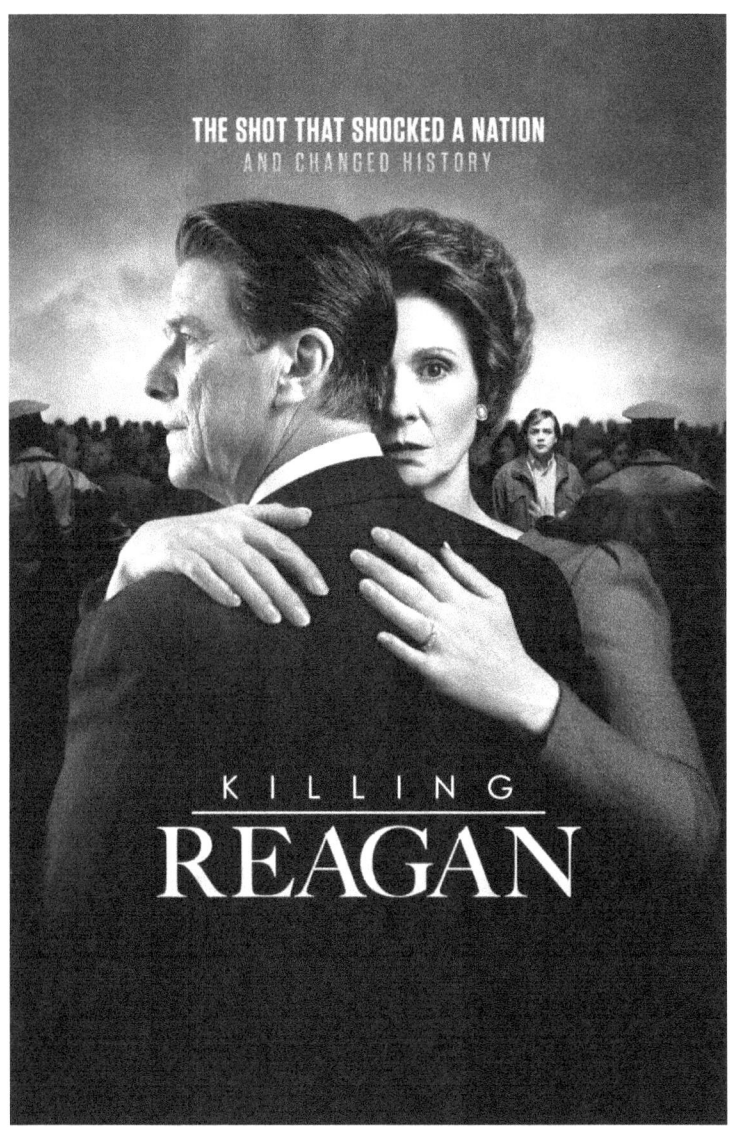

la maladroite

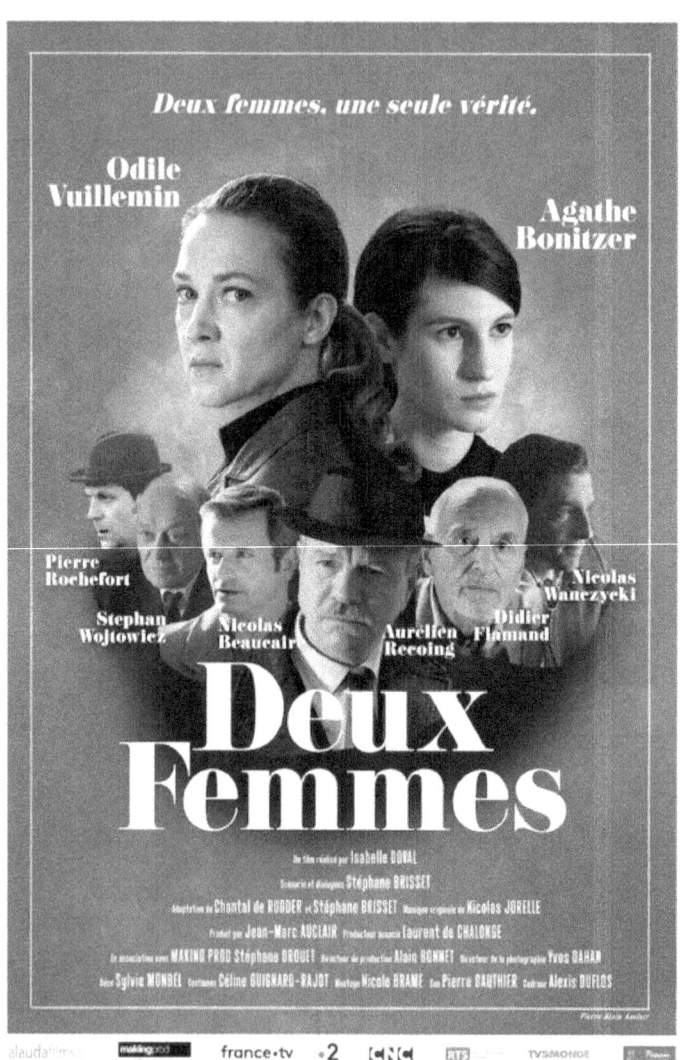

Du même auteur :

Aller simple pour l'échafaud
Terrorisme "le pouvoir de l'intimidation"01
Les grands criminels 01
Crimes aux usa 01
La galerie des monstres
Les grands criminels 02
Crimes aux usa 02
Les grands criminels 03
Crimes et cinéma 01
Crimes et cinéma 02
Les grands criminels 04
Terrorisme "le pouvoir de l'intimidation" 02
Crimes en haut de France
Les grands criminels 05
Crimes et cinéma 03
Les grands criminels 06
Les grands criminels 07
Crimes et cinéma 04
Les grands criminels 08
Crimes et cinéma 05
Criminologie débats et réflexions
Les grands criminels 09

www.ingramcontent.com/pod-product-compliance
Lightning Source LLC
Chambersburg PA
CBHW071912210526
45479CB00002B/380